Remerciements

Aux élus et dirigeants des entreprises coopératives,

Aux élus et aux équipes du réseau de La Coopération Agricole,

Pour leur engagement au quotidien et leurs témoignages, le partage de leur vie de terrain et de passion, permettant d'illustrer, au cœur de ces pages, la réalité très concrète et diversifiée des coopératives.

À nos partenaires professionnels et institutionnels, acteurs du monde agricole et agroalimentaire,

Pour leur concours à ce projet et leur éclairage d'experts.

Aux coéquipiers de cette réalisation :

Amélie Blanckaert et Marine Ulrich de Bureau 121,

Guillaume Bazaille de Bazaille Consulting,

… et bien sûr notre éditrice Marie-Laurence,

Pour leur accompagnement très précieux tout au long de ce projet d'écriture.

Idées reçues sur les coopératives agricoles

À Hubert et Christian. À Michel, Philippe… et tant d'autres.

À toutes celles et ceux qui ont façonné et fait grandir le modèle coopératif au fil de l'histoire et qui nous ont permis d'en hériter.

Notre responsabilité aujourd'hui est de l'adapter à notre époque pour le transmettre aux générations futures.

Idées reçues sur les coopératives agricoles

Dominique Chargé

Issues de la tradition ou de l'air du temps, mêlant souvent vrai et faux, les idées reçues sont dans toutes les têtes. Les auteur·e·s les prennent pour point de départ et apportent ici un éclairage distancié et approfondi sur ce que l'on sait ou croit savoir.

Le Cavalier Bleu
EDITIONS

Dominique Chargé

Dominique Chargé est éleveur de vaches laitières et de volailles en Loire-Atlantique. Engagé depuis près de 30 ans au service du monde coopératif, il est président de La Coopération Agricole depuis 2018. Il est également président de l'Institut Agro depuis sa création en 2020.

COOPÉRATIVE AGRICOLE – Le substantif féminin « coopérative » est apparu dans la langue française au XXe siècle en 1901, la même année que la création des associations dites de loi 1901. Il est issu de l'adjectif « coopératif » qui lui donne tout son sens : « qui est prêt à donner sa contribution ». Le mot désigne à l'origine un regroupement associatif ouvrier qui a pris naissance en Angleterre, sous l'impulsion de Robert Owen (1771-1858), considéré comme le père fondateur du socialisme britannique. Directeur d'une manufacture de coton, ce dernier constata les conditions de vie déplorables de ses ouvriers et décida de changer leur quotidien en améliorant leurs horaires et leur habitat, en les formant et en leur permettant d'acheter des produits de qualité au juste prix. Les résultats de son entreprise n'en furent que meilleurs. Sous cette influence et celle du christianisme social ambiant, l'idée germa en Europe, dans les années 1830, de créer des communautés ouvrières mettant en commun des moyens pour concilier l'intérêt privé et l'intérêt général de leurs membres. Le mot et la notion se sont par la suite vite étendus à d'autres secteurs, en particulier à l'agriculture.

Aujourd'hui, une coopérative agricole est une entreprise créée par des agriculteurs, qui leur appartient collectivement et qu'ils gouvernent eux-mêmes en vertu d'un principe démocratique fondamental : « une personne = une voix ». Une coopérative agricole est également une entreprise qui accompagne les agriculteurs et valorise leurs productions (lait, viandes, céréales, fruits et légumes…) en les collectant, en les transformant puis en les commercialisant sur différents marchés. Enfin, une coopérative agricole est une entreprise qui contribue à l'économie locale. Présente à tous les maillons de la chaîne alimentaire, elle fait vivre son territoire, en y créant des activités économiques, des emplois durables et toute une dynamique régionale.

Introduction

Si des écrits du Moyen Âge font état d'associations « fruitières » d'éleveurs du Jura mettant en commun leur lait pour fabriquer du fromage, les coopératives agricoles telles que nous les connaissons aujourd'hui voient le jour au cours du XIXe siècle, en même temps que l'industrialisation. Ces entreprises agricoles qui collectent, transforment et commercialisent les productions de leurs membres, sont influencées par les premières coopératives ouvrières anglaises et allemandes. À l'image de la Société des « Équitables Pionniers » du Nord de l'Angleterre considérée comme la première coopérative, elles émergent partout en Europe pendant la révolution industrielle comme mode de survie économique, tel un remède aux crises qui secouent le libéralisme de l'époque. Les principes vertueux qui sous-tendent le modèle sont déjà là : liberté d'adhésion, mutualisation des moyens, égalité des associés, répartition du bénéfice en fonction du seul produit des ventes et rémunération limitée du capital.

La première coopérative agricole française naît en 1888 en Charente-Maritime. Des paysans voient leurs vignes décimées par le phylloxéra et décident de se reconvertir dans l'élevage laitier pour survivre. Ils mettent en commun leur capital et leur production pour fonder la « Laiterie Coopérative de Chaillé ». Leur succès est tel qu'en quelques années, une centaine de coopératives naissent dans la région. Le développement du phénomène coopératif dans le secteur agricole se poursuit au début du XXe siècle sans être aucunement le produit d'un plan préétabli. Il n'est pour autant pas le fruit du hasard, mais la conséquence de la nécessité pour des agriculteurs de s'associer pour survivre dans un contexte local, social et économique des plus instables. « Filles de la misère » selon certains auteurs, les coopératives agricoles ont émergé, filière par filière, pour faire face aux tempêtes, essentiellement en réaction à la concentration capitalistique des acheteurs de produits agricoles, l'insuffisance des ventes et l'évolution réglementaire des marchés. Elles n'ont eu de cesse depuis l'après-guerre de prendre de l'ampleur. Ce modèle d'entreprise fondé sur le collectif, l'égalité, la capacité d'innovation et l'agilité d'action a su montrer ses atouts dans un monde de plus en plus global, secoué par des crises géopolitiques, pétrolières, climatiques ou encore sanitaires. Les coopératives apparaissent aujourd'hui comme de puissants vecteurs au service de la modernisation de l'agriculture.

Ces considérations historiques permettent de comprendre les fondements d'un modèle résilient, qui a su s'adapter pour perdurer dans le temps. Les coopératives agricoles sont le fruit de solutions trouvées par des agriculteurs animés par des valeurs de solidarité, d'équité et de mutualisme dans un souci de rentabilité économique. Régies par le Code rural et de la pêche maritime, ce sont des entreprises à part, fondamentalement différentes des entreprises commerciales classiques. Elles appartiennent aux agriculteurs auxquels elles apportent de nombreux services, valorisent leurs productions sur les marchés et contribuent à l'économie du territoire dans lequel elles sont durablement ancrées.

Aujourd'hui méconnu, le modèle coopératif est mis à mal par les idées reçues souvent contradictoires qui circulent à son sujet. Il joue pourtant un rôle économique, social et territorial majeur pour le secteur agricole et agroalimentaire français. Les coopératives agricoles représentent 40 % du chiffre d'affaires de l'agroalimentaire, un tiers des marques alimentaires et une bouteille de vin sur deux. Enfin, trois agriculteurs sur quatre adhèrent à au moins une des 2 200 coopératives présentes sur l'ensemble du territoire français et un agriculteur sur deux adhère à une CUMA (Coopérative d'utilisation de matériel agricole). C'est dire si les coopératives se sont imposées comme des acteurs incontournables du secteur.

Le but de cet ouvrage est de permettre au lecteur de mieux comprendre l'univers des coopératives agricoles françaises, d'éclairer les idées reçues les plus courantes qui circulent à leur sujet, et de faire la lumière sur un modèle d'entreprise résolument innovant qui cherche à répondre aux grands enjeux actuels de la société française et au-delà.

LES COOPÉRATIVES AGRICOLES, LES ENTREPRISES DES AGRICULTEURS

« Les coopératives agricoles ne sont pas réellement gouvernées par les agriculteurs. »

Tout seul on va plus vite, ensemble on va plus loin.

Proverbe africain

On reproche souvent aux coopératives agricoles de ne plus être réellement gouvernées par leurs agriculteurs, notamment à mesure qu'elles se développent et grossissent. Les agriculteurs, malgré leur statut d'associés coopérateurs, n'auraient plus de pouvoir de décision au sein de leur coopérative. Celle-ci ne leur appartiendrait en réalité pas ou plus.

D'où vient cette perception ? Il faut bien comprendre que le monde des coopératives agricoles regroupe des entreprises de tailles très diverses. 93 % des coopératives agricoles présentes sur le territoire français sont de très petites entreprises (TPE) ou de petites et moyennes entreprises (PME). Elles comptent un nombre restreint d'associés – de quelques personnes à quelques centaines – et déploient leur activité sur un territoire limité. D'autres, en revanche, ont une taille considérable et un poids économique et social très important en se plaçant dans le top 15 des groupes agroalimentaires français. Citons notamment Terrena, Sodiaal ou encore Agrial, avec pour ce dernier, par exemple, des marques aussi connues que les salades Florette ou la bûche de fromage de chèvre Soignon. Ces groupes peuvent dénombrer jusqu'à plusieurs dizaines de milliers d'associés et développer leurs activités à l'échelle du territoire national tout entier voire international. La taille de la coopérative est toutefois à différencier de la zone de son activité. Même à la tête d'un groupe international, une coopérative agricole française n'a d'associés coopérateurs qu'en France et sur un territoire limité, défini par ses statuts. La taille de la coopérative a bien évidemment un effet sur les rapports qu'entretiennent les agriculteurs, associés coopérateurs, avec leur coopérative. C'est un fait : être associé d'une coopérative agricole qui ne compte que quelques agriculteurs (au minimum 7, voire 4 pour les CUMA, Coopératives d'utilisation de matériel agricole) ne recouvre pas la même réalité qu'être associé d'une coopérative qui en dénombre plusieurs milliers. On comprend alors aisément le sentiment d'éloignement, voire de détachement et de moindre poids dans la décision, consécutif à ce phénomène de dilution. Certains agriculteurs l'expriment haut et fort. Ils se considèrent moins responsables de leur coopérative et s'engagent moins dans la gestion de celle-ci.

À ce ressenti s'en greffe un autre : certains agriculteurs se sentent dépossédés de leur entreprise. Ils ont l'impression que la gestion leur échappe. Ils se sentent bien loin de ce qu'on dénomme parfois la « technostructure », c'est-à-dire les salariés, en particulier le directeur et les cadres dirigeants, nommés par le conseil d'administration, et qui tiennent les rênes de leur entreprise. Ils pensent que les décisions de leurs dirigeants ne sont pas toujours prises dans leur intérêt. La participation des associés à la vie de la coopérative n'est, il est vrai, pas toujours simple. À la suite de fusions ou de développements internes, la taille du territoire et le nombre d'associés de certaines coopératives ont pu augmenter de façon rapide, entraînant parfois pour les associés coopérateurs un sentiment d'éloignement géographique et de dessaisissement dans la prise de décision. Les dirigeants des coopératives, professionnels de la gestion d'entreprise, peuvent être perçus comme des « technocrates », bien trop éloignés des contraintes du milieu agricole et de la réalité du terrain qui priveraient les agriculteurs de la défense de leurs intérêts directs et immédiats.

En réalité, les coopératives ne sont pas exclues des débats et de l'actualité qui animent la plupart des entreprises. Comme toutes les organisations, elles peuvent être confrontées à des problématiques de dérive managériale et doivent aussi faire face à la crise de la représentativité qui traverse notre société, leurs membres revendiquant parfois une démocratie plus directe et participative.

Faut-il en conclure que les agriculteurs ne tiennent plus la barre de leur coopérative ? Il ne faut pas tout confondre ! Il est nécessaire de distinguer le ressenti des faits. Derrière cette idée selon laquelle ce ne sont plus les agriculteurs qui décident dans leur structure mais les directeurs, c'est la question de la gouvernance qui se pose. Qui gouverne au sein d'une coopérative agricole ? À qui appartient réellement le pouvoir de décision ? On touche là au cœur du modèle coopératif et à son essence même. Régies par le Code rural et de la pêche maritime et non par le Code de commerce, les coopératives agricoles sont des entreprises différentes des entreprises civiles et commerciales. Cette singularité est fondamentale.

Repartons de la définition de la coopérative agricole : c'est une entreprise créée par des agriculteurs, qui leur appartient collectivement et qu'ils gouvernent eux-mêmes. L'ensemble du système coopératif repose sur un principe démocratique cardinal en vertu duquel « une personne = une voix ». Or cette personne, cet homme ou cette femme, c'est toujours un agriculteur. S'il est vrai que tous les agriculteurs français ne sont pas associés dans une coopérative, tous les associés coopérateurs sans exception sont des agriculteurs. Autrement dit, ceux qui créent, votent et gouvernent dans une coopérative sont toujours des agriculteurs. Le pouvoir souverain est exercé par ces agriculteurs associés, réunis en assemblée générale. Chacun dispose d'un droit de vote égal, quel que soit le montant du capital social détenu, alors que dans une société commerciale le droit de vote est proportionnel au capital détenu. Notons aussi que le capital est souscrit par l'associé coopérateur en fonction du volume de production qu'il fournit à la coopérative. Ce fonctionnement démocratique égalitaire est constitutif du modèle. Dans une coopérative agricole, la gouvernance est toujours démocratique et obéit aux mêmes principes coopératifs, quelle que soit sa taille, sa localisation ou son activité. Chaque année, les associés coopérateurs élisent en assemblée générale des administrateurs – tous agriculteurs. Le conseil d'administration dispose des pouvoirs les plus étendus pour gérer la coopérative. Il peut faire le choix de déléguer la gestion de l'entreprise à un directeur qui est un salarié (et non un mandataire social comme dans les sociétés commerciales). Celui-ci exercera alors le pouvoir exécutif et le conseil d'administration sera en charge du pouvoir d'orientation et de contrôle. Il faut bien comprendre que déléguer un pouvoir ne signifie pas perdre le contrôle : toute délégation de pouvoir entraîne l'obligation pour le délégataire de rendre des comptes au délégant sur la façon dont il a exercé ce pouvoir conformément aux directives qui lui étaient données.

Comment fonctionne une coopérative ?
Sur le plan économique

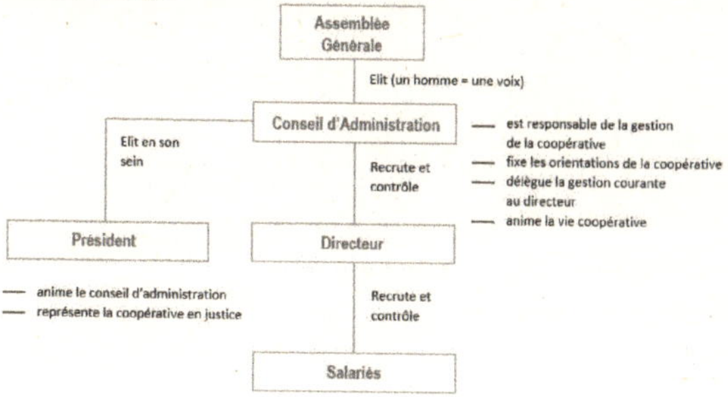

LA COOPÉRATION AGRICOLE

En résumé, dans le système coopératif, les administrateurs, eux-mêmes agriculteurs, décident de la stratégie. Il s'agit là de la caractéristique différenciante principale de la gestion des coopératives agricoles : leur stratégie intègre dès sa conception les besoins et les attentes des associés coopérateurs, puisque les administrateurs qui la définissent sont des associés coopérateurs, eux-mêmes chargés de représenter leurs pairs. Ensuite, le conseil d'administration contrôle la façon dont l'équipe de direction met en œuvre la stratégie qu'il a définie. Si les dirigeants refusent de mettre en œuvre cette feuille de route, le conseil d'administration a le pouvoir de les révoquer.

Prenons l'exemple d'Agrial. Cette coopérative active dans les secteurs du lait, des légumes et fruits frais, des boissons et des viandes, fédère 12 000 agriculteurs. Elle se définit comme une « entreprise créée et détenue par des agriculteurs dont la gouvernance repose sur le principe démocratique "un Homme, une voix" et s'appuie sur des valeurs de solidarité, responsabilité, pérennité et proximité. Chaque adhérent peut prendre des responsabilités dans l'entreprise, participer à la vie de la coopérative et à la prise de décision. » Lorsqu'on demande aux membres du conseil d'administration « Qui êtes-vous ? », tous font d'abord valoir leur métier d'agriculteur avant leur fonction d'administrateur élu. C'est parce qu'ils sont chefs d'exploitation qu'ils peuvent être administrateurs.

Toutefois, on peut comprendre le ressenti de certains agriculteurs coopérateurs. Comment ne pas légitimement se sentir éloigné de la prise de décision lorsque l'on ne détient qu'une seule voix parmi des milliers d'autres ? Comment la voix d'un agriculteur peut-elle peser dans une telle masse ? Comment impliquer véritablement l'ensemble des associés coopérateurs dans pareil contexte de dilution ? Plus on est nombreux, plus la prise de décision est complexe, et plus le consensus est difficile à trouver. C'est ce qui rend le mandat représentatif indispensable. Un système de démocratie plus directe ne garantirait pas que les décisions préservent mieux le bien commun. Il est utile aujourd'hui de favoriser toujours plus de participation dans la gouvernance, pour répondre aux aspirations des associés coopérateurs à être tous « entendus ». Face aux attentes hétérogènes de leurs membres, au sentiment d'éloignement avec les élus, à la complexité de plus en plus importante des structures et au coût indéniable de l'animation démocratique, les coopératives agricoles sont confrontées à de véritables enjeux de gouvernance. Par leur essence même, elles ont le devoir de répondre à ces enjeux. Comment ? Elles identifient, au sein de leurs agriculteurs associés, les hommes et les femmes pouvant jouer un rôle clé dans la gestion et la prise de décision. Elles mettent en place les moyens et les structures qui vont permettre d'équilibrer les pouvoirs en justifiant les décisions prises par le conseil auprès des associés coopérateurs qui ont voté pour désigner leurs représentants.

Entretenir le lien de proximité entre les associés coopérateurs et la coopérative impose constamment d'impliquer et de mobiliser ses membres, sans lesquels il ne peut y avoir de gouvernance équilibrée. La coopérative s'évertue toujours à encourager les associés coopérateurs à participer aux assemblées générales. Son rôle est de mettre à leur disposition des informations claires, compréhensibles et suffisamment en amont sur les points qui seront discutés et de faciliter leur prise de parole. Renforcer ce lien passe également par la mise en place de sections territoriales, plus petites que l'assemblée générale plénière, qui vont relayer au conseil d'administration les attentes de leurs membres. Ces sections doivent vivre grâce aux agriculteurs. Animer la coopérative signifie aussi créer des événements, organiser des rencontres notamment pour l'accueil de nouveaux associés, et être toujours à l'écoute sur le terrain en se rendant sur les exploitations. Cette vie démocratique doit mobiliser non seulement les élus de la coopérative, mais également les salariés techniciens des coopératives, qui accompagnent les agriculteurs sur leur exploitation et assurent la liaison entre la coopérative et les associés coopérateurs. C'est en effet la mission d'une coopérative d'être attentive aux attentes de chacun de ses associés, mêmes si celles-ci sont parfois hétérogènes, pour que tous aient les moyens de faire entendre leur voix.

Les agriculteurs sont donc bien l'alpha et l'oméga des coopératives. L'essence du modèle coopératif puise sa force dans le collectif. Parfois critiqué et mis à mal par l'inquiétude de perdre le pouvoir, cet ADN démocratique demeure pourtant l'unique garantie que la coopérative agricole conserve son identité et le sens de sa mission : être une entreprise créée et gouvernée par des agriculteurs, au service des agriculteurs et des territoires.

« Les coopératives agricoles ne sont plus au service des agriculteurs. »

Les coopératives, filles de la misère et de la nécessité.

Charles Gide, économiste et enseignant français

Désormais multiforme, le métier d'agriculteur exige aujourd'hui, à côté de l'acte de production, des compétences de plus en plus nombreuses, une grande capacité d'évolution et d'adaptation ainsi qu'un dialogue permanent avec l'ensemble des acteurs de la filière alimentaire. L'agriculteur doit nécessairement prendre en compte toutes les parties prenantes qui ont un impact sur le développement stratégique et opérationnel de son exploitation. C'est précisément le rôle d'une coopérative, qui sera chargée de commercialiser les productions et de conseiller les associés coopérateurs. Sa mission est claire : accompagner les agriculteurs au quotidien, de manière à assurer la commercialisation de leurs productions et ainsi faire perdurer leur activité sur le long terme. Ce rôle n'est pas toujours simple à jouer. Il l'est même de moins en moins, tant les sujets sont complexes : du numérique à la compréhension des marchés, en passant par l'adaptation au changement climatique, le respect de la biodiversité, ou encore les législations française et européenne en matière agricole.

Or le rôle joué par les coopératives est quelquefois mal perçu par les premiers intéressés. Les agriculteurs reprochent parfois à leur coopérative, soit de prendre trop de place dans ce rôle d'accompagnement, soit *a contrario* de ne pas être tant au service de l'exploitation qu'au sien. C'est ainsi que certains pensent que les coopératives agricoles ne seraient plus au service des agriculteurs.

À cette première raison s'ajoute un deuxième facteur historique : les coopératives se sont créées en France au début du XXe siècle dans le sillage du syndicalisme. C'est ainsi que le rôle protecteur dévolu aux coopératives s'est d'abord entendu comme un rôle d'organisation collective permettant aux agriculteurs de commercialiser leurs productions et d'en vivre, passant d'une agriculture vivrière à une agriculture économique.

La libéralisation des marchés et la mondialisation ont entraîné l'abandon progressif des outils de régulation des marchés agricoles par les États à la fin du XXe siècle. Ainsi, la production agricole française a été confrontée à la concurrence européenne et mondiale. Il en a résulté des crises, par exemple dans le lait ou le sucre, après l'abolition des quotas entraînant une chute considérable des cours, et obérant le revenu des agriculteurs français. Certains ont alors eu le sentiment que leur coopérative n'avait pas été capable de les protéger de la mondialisation et n'avait donc pas rempli son rôle de défense de leurs intérêts.

Qu'en est-il aujourd'hui ? En quoi consiste le rôle de défense des agriculteurs des coopératives agricoles ? L'objet d'une coopérative est d'accompagner ses associés coopérateurs dans leurs projets sur le long terme, de les aider en mutualisant leurs intérêts. Le Code rural et de la pêche maritime est très explicite : « Les sociétés coopératives agricoles ont pour objet l'utilisation en commun par des agriculteurs de tous moyens propres à faciliter ou à développer leur activité économique, à améliorer ou à accroître les résultats de cette activité. » Gare à la confusion : la défense des intérêts économiques des agriculteurs ne peut pas se faire au détriment de la coopérative elle-même car elle en est l'outil. En effet, pour rester compétitive, une coopérative doit forcément prendre en considération la réalité des prix de marché. C'est aussi la clé pour assurer sa pérennité. À défaut, elle priverait ses associés coopérateurs des marchés sur lesquels elle s'est implantée, mais elle pourrait en plus les endetter, ceux-ci étant légalement responsables des dettes de leur coopérative à hauteur de deux fois leur part individuelle dans le capital social. En d'autres termes, les coopératives sont bien constituées pour être au service des agriculteurs coopérateurs en leur donnant accès aux marchés, et non pour leur imputer des dettes contractées en développant cette activité de façon non rentable. Elles se doivent par nature d'être un outil économiquement viable pour pouvoir porter commercialement les intérêts des agriculteurs. Elles sont ainsi dans l'obligation d'arbitrer entre les intérêts directs et indirects, à court et à long terme. Cette conciliation d'intérêts ne saurait opposer les coopératives à leurs associés coopérateurs.

Au-delà de la question du soutien par les prix des productions, la coopérative défend les intérêts de ses coopérateurs à divers titres.

Tout d'abord, rejoindre le système coopératif est un gage de sécurité pour l'agriculteur. En devenant associé, il est assuré de trouver un marché pour l'intégralité de sa production. Cette spécificité distingue la coopérative d'une entreprise commerciale ou civile. En adhérant, l'agriculteur s'engage à céder la totalité de sa production à la coopérative. En contrepartie, celle-ci s'engage à la collecter et à la valoriser au mieux. La coopérative a pour rôle de chercher et de pérenniser les marchés pour toutes les productions engagées par tous ses coopérateurs. La coopérative est à ce titre un outil précieux pour que les agriculteurs gardent la main sur la commercialisation de leurs produits, après transformation ou non.

Ensuite, la coopérative joue un rôle précieux d'information, de conseil et d'accompagnement auprès de ses membres. Elle assure le lien entre les agriculteurs et les consommateurs et entre les agriculteurs. Par la coopérative, ces derniers vont bénéficier de conseils de spécialistes et être accompagnés afin de faire face aux enjeux qu'ils doivent affronter au quotidien. Ces enjeux ne sont pas des moindres : s'adapter aux nouvelles technologies, conduire les multiples transitions qui s'imposent, appréhender au mieux les nombreux risques (climatiques, économiques, sanitaires...), répondre aux nouvelles demandes des consommateurs. Ainsi, la coopérative emploie et forme des conseillers qui identifient les besoins des agriculteurs et proposent des réponses permettant aux associés coopérateurs de déployer les meilleures pratiques dans leur exploitation en lien avec les attentes de la société et du marché. Ils sont en quelque sorte le trait d'union entre le projet individuel de l'agriculteur coopérateur et les contraintes des filières et des territoires qui vont en déterminer le succès. C'est grâce à ces conseils, ces informations et ces formations qu'un agriculteur va pouvoir, par exemple, réaliser la conversion de tout ou partie de sa production en agriculture biologique, améliorer ses pratiques d'élevage, s'engager dans une démarche de qualité « Label Rouge », ou encore se lancer dans une culture nouvelle qui n'existait pas ou plus en France il y a quelques années, telle que celle du quinoa, du lin ou encore du pois chiche.

S'il est primordial, cet accompagnement n'est pas toujours apprécié à sa juste valeur par les associés coopérateurs, notamment parce qu'il est intrinsèque au système coopératif et gratuit. En effet, les associés ne rémunèrent pas directement cet accompagnement dispensé par un tiers car il est financé par la coopérative. Ils en bénéficient de plein droit dès leur adhésion. Les coopérateurs peuvent ainsi aller jusqu'à oublier la valeur de cet accompagnement et perdre de vue que cela est réalisé dans leur intérêt. Autrement dit, ils n'ont pas suffisamment conscience des bénéfices concrets qu'ils en tirent pour la pérennité de leur exploitation. C'est d'autant plus prégnant que les transitions à mettre en œuvre s'inscrivent dans le long terme, tandis que l'appréciation des associés coopérateurs de la plus-value de l'accompagnement de la coopérative s'inscrit dans un temps plus court. Il peut être difficile pour l'agriculteur d'accepter par exemple de modifier sa production ou de s'engager dans une pratique innovante qu'il ne connaît pas sur les conseils d'une tierce personne, par peur de l'inconnu et de ne pas gagner en rentabilité immédiate. C'est aussi l'une des raisons pour lesquelles le rôle de conseil des coopératives est mis à mal et peut être faussement perçu.

Autre exemple de service rendu par les coopératives : elles sont les seules, grâce à leur fonctionnement mutualiste, à garantir une présence de l'agriculture sur tout le territoire. Ainsi, les coopératives assurent la collecte du lait sur des terres montagneuses, des céréales ou des élevages dans des lieux que toutes les autres entreprises ont délaissés, faute de rentabilité.

Enfin, les coopératives sont de véritables « amortisseurs de crise ». Un rôle qui, à de nombreuses reprises, s'est révélé vital pour l'agriculture française. Rappelons-le : si les coopératives n'ont pu protéger complètement les agriculteurs des conséquences de la mondialisation et de la libéralisation des marchés, elles en ont en revanche amorti les dommages.

De manière globale, le secteur coopératif a repris ces dernières années de nombreux opérateurs commerciaux en difficulté, par exemple en rachetant les outils industriels pour ne pas laisser sans solution les agriculteurs qui en étaient les fournisseurs. Les agriculteurs qu'une faillite de l'opérateur commercial aurait privés d'avenir sont alors devenus associés de la coopérative repreneuse et ont pu continuer à produire. La restructuration de ces outils et leur intégration dans des groupes coopératifs n'ont pas toujours été facile. Il y a même eu quelques échecs. Toutefois, le secteur coopératif s'est globalement impliqué avec succès dans des reprises emblématiques (citons par exemple la reprise d'Entremont par Sodiaal en 2011) pour garantir le maintien des productions en France.

En accompagnant leurs associés coopérateurs, en assurant la transformation et la commercialisation de leurs produits, en les conduisant à se moderniser et ainsi à perpétuer leur activité dans le temps, il ne fait nul doute que les coopératives agricoles sont bien au service des agriculteurs et leur rendent une multitude de services. La diversité des accompagnements qu'elles réalisent au quotidien pour permettre aux agriculteurs de s'adapter à de nouveaux défis témoigne des nombreux avantages du modèle coopératif. Des avantages parfois sous-estimés mais qui sont incontestables sur le long terme.

« Les coopératives agricoles rémunèrent mal les agriculteurs. »

La justice n'est que l'intérêt du plus grand nombre.

Roger Lemelin, écrivain et journaliste québécois

Il n'est pas rare d'entendre : « les coopératives paient mal » ou encore « on gagne mieux sa vie tout seul que dans une coopérative ». Est-ce bien vrai ? On touche là à un sujet majeur : la rémunération des agriculteurs coopérateurs. Comment ces derniers sont-ils rétribués ?

Revenons-en aux textes. Il convient de rappeler que les relations entre les coopératives et leurs associés coopérateurs ne sont pas régies par le droit commercial mais par des règles distinctes. L'article L. 521-1-1 du Code rural et de la pêche maritime l'exprime sans équivoque : « La relation entre l'associé coopérateur et la coopérative agricole à laquelle il adhère (...) repose, notamment, sur le caractère indissociable de la double qualité d'utilisateur de services et d'associé. » Autrement dit, les agriculteurs sont à la fois apporteurs de matières premières, utilisateurs de produits et de services (« coopérateurs »), et propriétaires de leur coopérative (« associés »). Cette double qualité indivisible de coopérateur associé place l'agriculteur dans une situation singulière vis-à-vis de sa coopérative, distincte de celle de l'actionnaire, du salarié ou encore du fournisseur d'une société commerciale.

En tant que coopérateur, l'agriculteur va être rémunéré par la vente de la production qu'il apporte à la coopérative. Par exemple, dans le secteur laitier, il reçoit un acompte initial (par quinzaine), qui peut être suivi

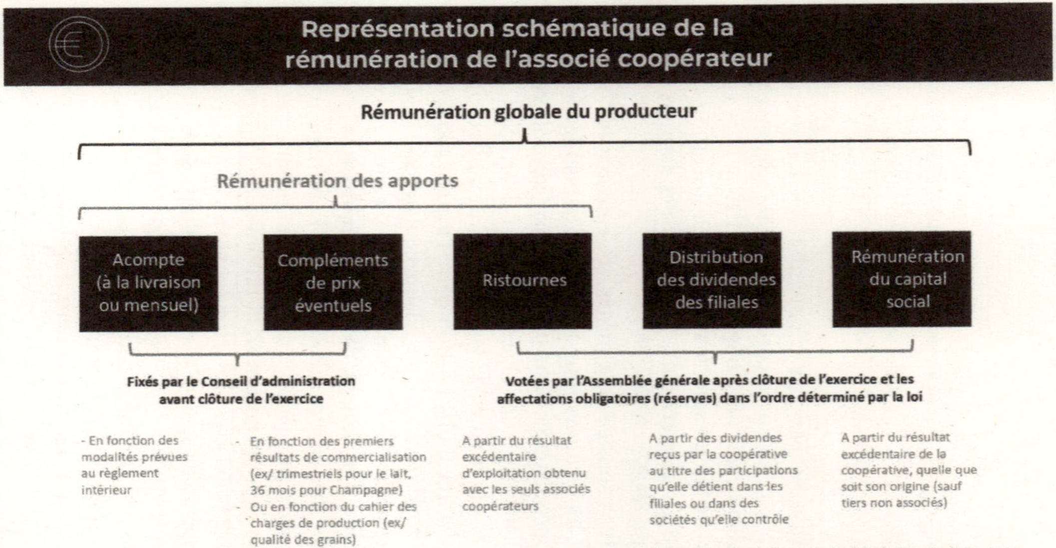

Source : Contribution écrite du ministère de l'agriculture et de l'alimentation

d'un ou de plusieurs complément(s) de prix (à la fin du mois, voire du trimestre). Ces compléments varient en fonction du prix de commercialisation des produits, déduction faite des charges de la coopérative. Les acomptes et compléments de prix sont gérés au cours de l'exercice par le conseil d'administration, organe de gestion de la coopérative. À cette rémunération échelonnée, s'ajoute une rémunération spécifique que l'on appelle la « ristourne coopérative », à ne pas confondre avec le mot qui désigne un geste commercial. Après clôture des comptes et mise en réserves obligatoire, la coopérative peut compléter la rémunération des coopérateurs par le versement de la ristourne coopérative, si la commercialisation des apports des associés engendre des excédents. Cette ristourne est votée en assemblée générale et versée proportionnellement aux apports de chacun. En tant qu'associé, l'agriculteur peut également percevoir des intérêts sur les parts sociales qu'il détient dans sa coopérative.

La rémunération des agriculteurs est validée par eux au sein du conseil d'administration, organe de gestion de la coopérative composé d'associés élus. Ce sont donc bien eux qui décident de l'ensemble des éléments de leur rémunération (acomptes, compléments de prix et proposition de ristournes), approuvés par la suite par l'assemblée générale, qui réunit l'ensemble des associés coopérateurs. C'est pourquoi la critique reprochant aux coopératives de ne vivre que pour leur propre intérêt méconnaît le principe selon lequel elles ne créent aucune valeur pour elles-mêmes, puisqu'elles sont un outil de mutualisation et le prolongement des exploitations agricoles de leurs associés. La gouvernance démocratique de la rémunération en coopérative fournit l'assurance que cette rémunération est déterminée dans l'intérêt des agriculteurs, en respectant le principe d'équité.

On le voit, le système est complexe. Il est bien plus élaboré que dans une vente classique entre deux opérateurs indépendants, dans laquelle le prix est fixé une fois pour toutes dès lors qu'un accord entre les deux parties est acté. Cette complexité rend plus difficile la compréhension du mode de rémunération au sein des coopératives agricoles et la comparaison entre la rémunération en coopérative et le prix commercial. Les agriculteurs eux-mêmes ont notamment tendance à ne pas inclure la ristourne coopérative dans les comparaisons. Cela explique en partie l'idée selon laquelle ces entreprises paieraient bien moins que les entreprises commerciales. Non seulement c'est souvent inexact mais la coopérative favorise une rémunération plus juste et plus globale des agriculteurs sur le temps long.

En effet, un agriculteur qui vend sa production à un industriel est beaucoup plus fragilisé que s'il est en coopérative. Il doit négocier en direct et le rapport de force lui est souvent défavorable, même si la loi essaie de corriger ce déséquilibre. Le risque est grand de voir se rejouer le combat de David contre Goliath. À l'inverse, le modèle coopératif permet de regrouper l'offre des agriculteurs en amont et de centraliser la négociation avec les clients en aval. Mais surtout – et c'est un point fondamental – un agriculteur réussira toujours à écouler l'intégralité de la production qu'il a cédée à sa coopérative. C'est le contrat coopératif : l'agriculteur s'engage à apporter sa production à la coopérative et cette dernière, en contrepartie, s'engage à valoriser sa production au meilleur prix sur l'ensemble des marchés. En d'autres termes, la coopérative sécurise la vente des productions de l'ensemble de ses membres. Après les avoir collectées, elle les transforme parfois puis les commercialise. C'est sa mission.

À cette justesse de la rémunération en fonction du marché s'ajoute également une équité de traitement des associés coopérateurs entre eux. Qu'ils soient exploitants de 10 ou 100 hectares de blé, et que ce blé soit exporté ou vendu à un industriel français, tous les agriculteurs d'une même coopérative vont être payés le même prix à la tonne de blé, à qualité égale.

Enfin, rappelons-le, la coopérative garantit une rémunération sur le long terme à ses associés et ceux à venir. En effet, ce modèle vise avant tout la pérennité des exploitations de ses membres et leur rentabilité dans la durée. Les coopératives garantissent leur avenir, en finançant des investissements matériels et immatériels (tels que la recherche pour l'innovation) qui ne pourraient être effectués au niveau individuel. En faisant le choix d'adhérer à une coopérative, les agriculteurs souhaitent sécuriser leur revenu à court mais aussi à long terme. La coopérative porte en elle une dimension intergénérationnelle, les développements financés aujourd'hui étant une garantie pour l'agriculture de demain.

« Les coopératives agricoles ne sont pas performantes. »

Sans solidarité, performances ni durables ni honorables.

François Proust, essayiste et consultant français

À en croire certains, les coopératives agricoles ne sont pas financièrement performantes. Nombre d'indicateurs de performance économique et de ratios sont invoqués à l'appui de cette thèse : la rentabilité d'exploitation ou EBITDA, la marge brute ou encore la dette financière. À l'aune de ces différents critères qui nous renseignent sur la « santé » d'une entreprise (solvabilité, liquidité, niveau d'endettement, autonomie financière), les coopératives font parfois figure de mauvais élèves. En témoigne le dernier Observatoire économique et financier du Haut Conseil de la Coopération Agricole publié en février 2022 qui analyse le bilan comptable 2020 des coopératives agricoles françaises. Il relève un ratio moyen résultat net sur chiffre d'affaires de 0,35 %, ce qui est minime, pour ne pas dire minimal.

Cette donnée peut inquiéter. Mais reflète-t-elle la réelle performance des coopératives agricoles ? Posons-nous la question de savoir si les critères économiques et financiers évoqués plus haut et utilisés traditionnellement pour évaluer les entreprises commerciales, sont adaptés aux coopératives agricoles.

Étudiées sous un prisme financier « classique », les coopératives agricoles sont donc bel et bien peu compétitives et peu rentables à court terme. Mais ce n'est pas leur objet. D'ailleurs, les cas de liquidation judiciaire sont extrêmement rares. Plusieurs rapports soulignent également leur résilience et leur performance sur le long terme. En témoigne celui de la mission d'information parlementaire rendu en février 2022. En outre, une étude du cabinet ADquation publiée en janvier 2022 par La Coopération Agricole avance que 80 % des agriculteurs ont confiance en leur coopérative. Près des trois quarts des associés interrogés se disent « personnellement attachés » au système coopératif. Comment expliquer pareille adhésion ? Les agriculteurs concernés seraient-ils si fidèles au modèle coopératif si celui-ci était aussi peu performant que certains veulent bien le dire ?

Au-delà de l'importance réelle et factuelle de certains chiffres, des données supplémentaires méritent d'être prises en compte. Elles ne figurent pas dans le bilan des coopératives ni dans celui des exploitations, mais elles témoignent de leur performance, au sens large du terme, c'est-à-dire la capacité d'une entreprise d'accomplir ses objectifs en utilisant ses ressources de manière optimale. Peut-on encore affirmer aujourd'hui qu'une entreprise est performante si elle n'est pas responsable et ne s'inscrit pas dans une logique durable ? C'est précisément l'ambition de toute coopérative agricole. Mais procédons par étapes.

Tout d'abord, comparons ce qui est comparable. D'un point de vue sectoriel, on évoque ici le monde agricole et le domaine agroalimentaire. On touche donc à des biens de première nécessité qui nous concernent tous : l'alimentation. Dans ce domaine, qu'il s'agisse d'une entreprise commerciale ou d'une coopérative agricole, celle-ci ne réalise pas les mêmes marges que dans d'autres secteurs : les nouvelles technologies par exemple ou le luxe. Dans l'agroalimentaire, les marges se sont considérablement érodées depuis 20 ans du fait de la guerre des prix menée entre les distributeurs. Entre 2007 et 2022, le taux de marge est passé de 43 % à 31 %. En outre, le domaine agricole s'inscrit par nature dans la durée. Les stratégies de financement et d'investissement ne se font pas à court terme, mais pour les 10 ou 20 prochaines années voire plus, ce qui induit naturellement des taux de rentabilité plus faibles. Le propre d'une génération d'associés de coopérative est d'œuvrer pour la génération suivante dans une logique constante de continuité.

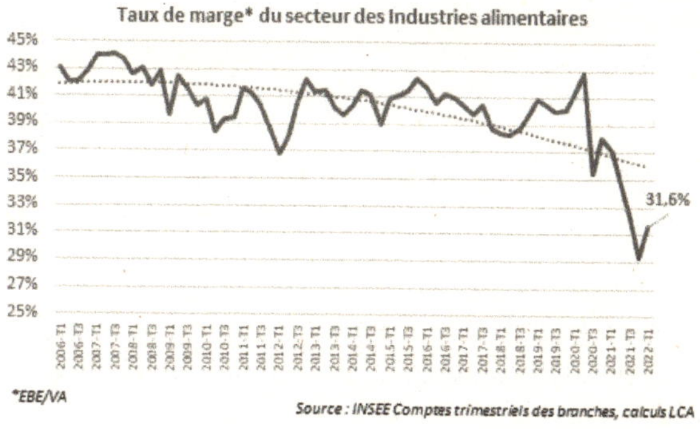

Outre la particularité du secteur, il faut bien comprendre la spécificité du modèle coopératif. Certes, les coopératives agricoles s'inscrivent dans une économie libérale. Elles recherchent bien la performance et la rentabilité comme n'importe quelle entreprise. Cependant, le but premier n'est pas le profit de la coopérative mais la rémunération de ses associés, dans une logique de profit partagé et redistribué à ceux qui en sont les détenteurs. Les coopératives sont, par leur objet social et le principe de mutualisation qui leur est intrinsèquement attaché, dans une logique économique, sociale et solidaire que l'on ne peut ignorer pour apprécier leur performance. Rappelons-le, toute coopérative est la propriété de ses associés agriculteurs et le prolongement des exploitations de ces derniers. *De facto*, quand elle achète à ses agriculteurs leurs productions, elle n'a pas pour ambition d'augmenter sa marge et sa propre profitabilité en réduisant celle de ses associés qui sont ses fournisseurs. La coopérative agricole recherche indéniablement la performance économique globale, pour assurer sa pérennité et celle des exploitations de ses associés coopérateurs. Elle cherche à vendre au meilleur prix leurs produits sur le marché sans toutefois pouvoir optimiser ses approvisionnements.

Une autre particularité essentielle du modèle coopératif est à prendre en compte : l'importance accordée au long terme. L'une des missions principales d'une coopérative agricole est de faire perdurer les exploitations de ses associés coopérateurs dans le temps, et d'assurer ainsi le renouvellement des générations d'agriculteurs. Encore une fois, son intérêt n'est pas la recherche du profit à court terme. Elle se soucie toujours du développement des exploitations. C'est sa raison d'être. Dans cette perspective, elle conseille en permanence ses agriculteurs et les aide à investir dans des solutions d'avenir pour répondre aux attentes des consommateurs. Cette acceptation du temps long est bénéfique aux exploitations comme aux territoires. En effet, la plupart des exploitations françaises sont dirigées par des agriculteurs passionnés et attachés à une terre qu'ils se transmettent sur plusieurs générations. En plaine, en montagne, et quelle que soit leur taille… toutes ces fermes ont des activités d'élevage et/ou de culture extrêmement variées sur l'ensemble du territoire français. Les coopératives jouent un rôle clé pour maintenir cette diversité des entreprises agricoles et des pratiques.

Elles vont par exemple aider les jeunes agriculteurs qui s'installent à préserver cette dynamique des territoires en leur accordant des aides financières, en leur faisant rencontrer d'autres personnes du métier, et plus largement en les accompagnant techniquement et en les soutenant. De la même manière, les exploitations façonnent nos paysages ruraux et abritent une incroyable biodiversité, une faune et une flore très riches. De cette diversité naît la richesse du patrimoine agricole, agroalimentaire et culinaire français. Il en va de la mission des coopératives agricoles de préserver toutes ces richesses dans le temps et de les transmettre aux générations futures.

Enfonçons le clou, si certains doutent encore de cette performance globale. Par-delà le temps long, les coopératives jouent un rôle essentiel dans l'animation des territoires au quotidien. En effet, 74 % des sièges sociaux des coopératives agricoles se trouvent en zone rurale. Par cette présence, elles sont un outil d'aménagement du territoire et un levier majeur du dynamisme économique et social dans les campagnes. Selon La Coopération Agricole, les coopératives sont parfois même le premier employeur privé des zones rurales. Parce qu'elles collectent la production sur leur territoire, nécessairement français, elles ne sont pas délocalisables. Elles fixent et développent l'activité dans les régions où elles sont implantées. En outre, elles créent des emplois en structurant les filières agroalimentaires, parfois de la production à la transformation en produits finis. Les coopératives constituent donc un rempart inestimable contre la désertion, le chômage et la dévitalisation des zones rurales. Elles demeurent particulièrement actives dans des endroits abandonnés par les entreprises privées par manque de rentabilité. C'est le cas notamment dans la filière laitière : les coopératives sont parfois les dernières à collecter le lait, lorsque les conditions deviennent trop onéreuses ou quand le faible nombre de producteurs ne permet plus l'optimisation des outils de transformation. Ainsi, en collectant du lait dans des fermes de 72 départements, la coopérative Sodiaal participe au maintien d'un tissu laitier dans toute la France, avec notamment une forte présence dans des zones difficiles d'accès comme en montagne et dans des zones où les exploitations laitières sont moins nombreuses (le Sud-Ouest ou le Massif central). En maintenant une activité dans ces territoires peu peuplés et peu attractifs économiquement, les coopératives contribuent à la conservation de savoir-faire et participent indirectement à la survie de services fondamentaux (postes, écoles, cabinets médicaux, vie associative…) qui sont au fondement d'une vie collective.

Au-delà de ce rôle clé d'employeur, on ne peut pas non plus ignorer le rôle de « sauveteur » que jouent certaines coopératives agricoles en temps de crise. C'est la preuve suprême de leur ADN social et solidaire. Elles ont démontré à plusieurs reprises qu'elles pouvaient s'imposer en véritables secouristes, en reprenant des outils industriels en faillite et en sauvant ainsi certaines exploitations, tout en en assumant parfois lourdement les conséquences. Pour montrer qu'une coopérative est bien souvent « l'ambulance des territoires », citons à titre d'illustration la reprise d'Entremont par Sodiaal. En grande difficulté à la suite de l'effondrement des cours mondiaux du lait, Entremont affichait en 2009 un chiffre d'affaires en baisse de 15 % par rapport à 2008 et une dette de plusieurs centaines de millions d'euros. Saluée par les ministres de l'Économie et de l'Agriculture de l'époque, sa reprise effective par Sodiaal en 2011 a permis aux 6 000 producteurs de lait d'Entremont de pérenniser leur activité. Cet acte, qui n'est pas isolé, montre bien les valeurs qui animent les coopératives et leur volonté indéfectible de soutien qui s'inscrit dans leur ADN. Ces initiatives de reprise sont d'ailleurs le plus souvent encouragées par les pouvoirs publics qui savent pouvoir compter sur les coopératives – parfois d'ailleurs un peu trop ? – et sur leur politique de la main tendue, afin de tenter de maintenir certaines filières en France.

On le voit, lorsque l'on parle de performance dans le milieu des coopératives agricoles, il est impossible de s'en tenir aux seuls ratios financiers. N'est-ce pas la preuve, une fois encore, que les coopératives sont des entreprises pionnières et visionnaires, qui ont compris avant les autres l'importance fondamentale de la performance globale ? Toutes les entreprises aujourd'hui sont soumises à ce défi de leur responsabilité sociétale et environnementale. Elles auraient parfois fort intérêt à s'inspirer des coopératives agricoles pour tenter de devenir plus durables, solidaires, pérennes et engagées sur leur territoire.

« Les agriculteurs n'aiment pas leurs coopératives. »

Il n'y a pas d'amour, il n'y a que des preuves d'amour.

Pierre Reverdy, poète français

Les Anglo-Saxons raillent amicalement la propension des Français à se plaindre et à se moquer particulièrement de ceux qu'ils aiment. Ils considèrent même que nous avons érigé la critique en sport national ! Essayons donc de comprendre si l'idée selon laquelle « les agriculteurs n'aiment pas leurs coopératives » n'est qu'une illustration de « l'amour vache » franco-français ou si elle traduit un véritable désamour des principaux intéressés envers leur modèle.

Certains reprochent aux coopératives de taille importante de s'être dévoyées, en s'écartant peu à peu des principes d'humanité, de proximité et de solidarité qui sont pourtant au fondement de leur création. Les fusions et alliances entre coopératives qui ont eu lieu ces dernières décennies sous la pression économique ont abouti à la constitution de plusieurs grands groupes coopératifs confrontés à des concurrents de taille internationale. Ces rapprochements les auraient entraînés dans une course à la rentabilité, au détriment des intérêts de leurs membres. À titre d'exemple, la fusion opérée en 2001 entre la SIGMA et l'UNCAA, deux unions de coopératives de collecte et d'approvisionnement, a donné naissance à InVivo qui est aujourd'hui le premier groupe coopératif agricole français, présent dans 38 pays sur 90 sites. Regroupant 13 000 collaborateurs et 192 coopératives, InVivo a une grande diversité d'activités, de la malterie à la meunerie, en passant par la production de vin, la boulangerie, la viennoiserie, la pâtisserie, ou encore la jardinerie, la distribution alimentaire et le négoce international de grains. Autre exemple : Agrial, née en 2000 de la fusion de trois coopératives, fait état d'un chiffre d'affaires annuel d'environ 6 milliards d'euros et de 22 200 salariés implantés dans 11 pays sur 3 continents (Europe, Afrique, États-Unis). C'est vers ce type de groupes, parfois qualifiés de « mastodontes », que se dirigent principalement les reproches qui évoquent un décrochage, une déconnexion entre la base de la pyramide, les agriculteurs, et la gestion de la coopérative. La coopérative ne serait alors plus aux mains du conseil d'administration mais uniquement dans celles des dirigeants salariés, les directeurs. Cela aboutirait à une gouvernance fragile, ne garantissant plus l'équilibre entre les différents organes de pouvoir.

Ce lien distendu se ressent également lorsque certains agriculteurs dénoncent le manque de transparence et d'information sur les décisions soumises à leur vote aux assemblées générales de leur coopérative. « On nous montre des schémas, des graphiques, des courbes en veux-tu en voilà. Les commissaires aux comptes débitent un rapport de dizaines de pages à toute vitesse. Personne ne comprend rien. » Voilà comment sont perçues certaines assemblées générales, d'après ce témoignage rapporté par le média en ligne basta! en octobre 2021. Le sentiment d'éloignement est bien présent. Un fossé se creuserait entre les salariés et les agriculteurs coopérateurs qui travaillent la terre au quotidien et qui sont pourtant les véritables propriétaires de la coopérative.

Il est également arrivé que soient dénoncés l'opacité et le montant des rémunérations des dirigeants de coopératives agricoles. En pratique, seules les entreprises qui sont cotées en bourse sont tenues de rendre des comptes sur les salaires de leurs dirigeants. Dans les grandes coopératives, la rémunération des dirigeants salariés peut être comparable à celle des dirigeants d'entreprises commerciales de même taille. Attirer des talents nécessite en effet de proposer une rémunération à la hauteur des moyennes du secteur agroalimentaire. Mais la spécificité des coopératives agricoles est que la rémunération des directeurs est fixée et contrôlée par le conseil d'administration, donc par les agriculteurs, ce qui fait la différence.

Ces critiques, somme toute limitées, sont-elles de nature à créer une vraie crise de défiance à l'égard du modèle coopératif ?

Tournons-nous d'abord vers les statistiques. 80 % des associés coopérateurs ont confiance en leur coopérative. 72 % se disent personnellement attachés au système coopératif et 79 % recommanderaient à un jeune agriculteur de rejoindre une coopérative. Tels sont les résultats d'une étude réalisée par le cabinet ADquation en janvier 2022 auprès d'un panel représentatif de plus de 1 000 agriculteurs associés de coopératives de différentes filières. Ces chiffres posés, il serait tentant de couper court à toute démonstration et de balayer – au moins à 80 % – la véracité de cette idée reçue.

Mais les critiques existent. Il convient d'en comprendre les motivations, d'identifier ce qu'elles traduisent afin d'y répondre de façon constructive au service du collectif qui est au cœur du modèle coopératif.

Il est important de souligner dans un premier temps que les préoccupations prospèrent sur le terreau des crises agricoles et de la libéralisation des marchés. Cette dérégulation entraîne davantage d'aléas et de volatilité des revenus agricoles et, par conséquent, une activité plus incertaine. C'est ce sentiment d'insécurité, sur un fond de crise démocratique plus globale, qui favorise la contestation.

Interpelés par ces critiques, les députés se sont emparés de la question. Une mission d'information parlementaire a ainsi enquêté pendant plusieurs mois et donné la parole à l'ensemble des parties prenantes. Son rapport présenté le 16 février 2022 à l'Assemblée nationale, souligne la pertinence du modèle coopératif, et propose vingt-trois mesures visant à « consolider et moderniser le modèle coopératif, afin de lui donner des armes pour renforcer son attractivité et sa compétitivité. » Il appelle notamment à fortifier les liens entre les agriculteurs et leur coopérative. C'est dire que la confiance des agriculteurs coopérateurs envers leur modèle n'empêche pas de devoir toujours alimenter et renforcer l'*affectio societatis* qui unit les associés coopérateurs entre eux et avec leur structure. L'amour ne suffit pas, il faut toujours plus de preuves d'amour. Mais quelles preuves concrètes et par où commencer ?

Tout d'abord, il est possible d'impliquer davantage les associés coopérateurs dans la vie de leur coopérative et cela sur l'ensemble de la chaîne, depuis leur exploitation jusqu'au consommateur final. Chez Plaimont par exemple, cave coopérative du Sud-Ouest, les agriculteurs vignerons doivent tous, sans exception, s'investir dans le fonctionnement de leur cave. À tour de rôle, ils partent sur les foires et salons pour réaliser des dégustations, faire la promotion des vins de leur coopérative. Ils sont confrontés aux retours des clients, aux questions des journalistes et à d'autres vignerons avec qui ils partagent leur vision du métier et leurs bonnes pratiques. Ils deviennent ainsi de véritables ambassadeurs de leur coopérative, ce qui renforce leur sentiment d'appartenance et de fierté envers celle-ci. Comme dans toute autre société, il est aussi essentiel de créer des liens entre les membres en dehors du travail. « Par exemple, nous allons visiter tous ensemble une cave dans une autre région, pour s'ouvrir et voir des collègues qui sont confrontés à d'autres problématiques et qui ont fait des investissements différents. C'est au cours de ces occasions que les gens se découvrent, et qu'ils créent des affinités », explique l'un des administrateurs de Plaimont.

Il s'agit également d'attirer davantage les associés coopérateurs à l'assemblée générale de leur coopérative. Pour pallier le désintérêt des associés coopérateurs pour la vie statutaire de la coopérative, le rapport de la mission parlementaire recommande de développer des « instances intermédiaires et de proximité » ainsi que la « dématérialisation partielle des assemblées générales », et la création de sections permettant de décentraliser les réunions. Au-delà des assemblées statutaires, la vie coopérative se développe dans des espaces de dialogue et grâce à des outils de démocratie décentralisée pour impliquer chaque membre. Par exemple, pour le groupe céréalier VIVESCIA situé dans le Nord-Est de la France, les relations au quotidien entre associés-coopérateurs, élus et collaborateurs font l'objet d'une attention particulière. Son territoire coopératif est organisé autour de 18 sections et plus de 350 conseillers de section, agriculteurs élus. La vie coopérative s'anime ainsi autour de ces conseils de section et de quatre conseils de territoire, qui se réunissent une fois par trimestre. Pour ses assemblées générales de section statutaires, la coopérative organise 15 réunions sur tout son territoire pour rendre compte des activités et dialoguer. Ce temps d'échanges est riche et chaque année, ce sont plus de 60 heures de questions-réponses entre élus, dirigeants et associés-coopérateurs. À la faveur de la crise sanitaire et de ses enseignements, une réunion digitale vient également compléter cette séquence d'assemblées générales pour permettre au plus grand nombre et aux nouvelles générations un accès facilité au bilan et aux perspectives de VIVESCIA. Par ailleurs, commissions de travail sur des thèmes variés, réunions d'essais agronomiques en février et en juin, réunions moissons ou encore le rendez-vous de rentrée à la Foire de Châlons-en-Champagne, avec un espace dédié aux associés-coopérateurs pour échanger avec la coopérative, sont autant de temps forts pour expliquer les choix stratégiques, présenter les projets d'avenir, mais aussi échanger, questionner et co-construire.

Intéresser les associés coopérateurs à la vie de la coopérative, notamment par l'animation locale, donne nécessairement de l'attractivité à son assemblée générale. L'observatoire de la gouvernance coopérative démontre que les coopératives organisent tout au long de l'année de nombreuses réunions autres que les assemblées statutaires.

Enfin, une autre manière de créer de l'adhésion est de promouvoir le modèle coopératif auprès des jeunes agriculteurs. Trop peu mesurent pleinement les spécificités du modèle, trop peu connaissent son fonctionnement démocratique et trop peu osent s'investir dans les structures de gouvernance. Les coopératives agricoles rencontrent parfois de réelles difficultés à renouveler leur vivier d'administrateurs et à susciter des vocations auprès des plus jeunes membres mais également des femmes, encore trop peu présentes dans les instances coopératives. Or, ce sont eux qui sont l'avenir de la coopérative et, au-delà, les visages de l'agriculture de demain. La fonction d'administrateur nécessite un investissement important pour la vie de la coopérative, en plus de la gestion quotidienne d'une exploitation. Cela peut freiner un agriculteur seul sur son exploitation ou un jeune qui démarre dans le métier et qui a déjà bien à faire, notamment dans les premières années qui suivent son installation. C'est pourquoi, la formation des administrateurs est une préoccupation croissante des coopératives.

Cultiver l'*affectio societatis* de leurs membres, créer de la fierté, renforcer le sentiment d'appartenance et développer les compétences de leurs associés sont autant de défis permanents pour les coopératives agricoles. Mais il en va aussi de la responsabilité des agriculteurs. Ces derniers doivent adopter une démarche proactive, faire en sorte que leur structure leur ressemble et soit attractive. C'est à eux d'être acteurs, de se faire connaître et reconnaître afin de faire rayonner auprès de la société les valeurs du monde agricole d'aujourd'hui et de demain. La démocratie coopérative, tout comme la démocratie républicaine, exige une attention de tous les instants. La participation des coopérateurs comme des citoyens est ainsi indispensable pour faire vivre un modèle de dialogue permanent.

LES COOPÉRATIVES AGRICOLES, DES ACTEURS ÉCONOMIQUES DES TERRITOIRES

« Les coopératives agricoles ne paient pas d'impôts. »

Les pensées sont exemptes d'impôts.

William Camden, historien anglais

Un bruit circule depuis une trentaine d'années, tant dans les débats politiques que dans les médias, que les coopératives agricoles bénéficieraient de privilèges fiscaux sans raison d'être. Certains condamnent les dispositions particulières auxquelles elles sont soumises et les assimilent à un véritable « Eldorado fiscal », aboutissant à une « concurrence déloyale » vis-à-vis d'autres acteurs économiques.

Il est vrai qu'elles ne sont pas redevables de l'impôt sur les sociétés (IS) pour les opérations qui s'inscrivent dans leur objet social et sont réalisées avec leurs associés coopérateurs. Mais elles sont soumises à l'IS pour toutes les autres opérations, comme le stipule expressément l'article 206 du Code général des impôts. Nous savons tous que la fiscalité des entreprises ne se limite pas à l'IS et que l'heure n'est pas à laisser échapper à la taxation les profits des sociétés. Ainsi, les coopératives agricoles paient bien des impôts – TVA, taxes locales, droits d'enregistrement – et même l'IS sur toutes les opérations autres que celles exonérées. Leur contribution à la fiscalité française est donc loin d'être négligeable.

Revenons d'abord à l'IS. On considère que pour les activités exonérées, c'est au niveau de l'associé coopérateur, qui paie l'impôt sur le revenu, que l'activité est taxée. Il faut bien comprendre que l'associé coopérateur n'est pas un « fournisseur » tel qu'on peut l'entendre dans une relation commerciale : il apporte sa production à une coopérative dont il est associé. La coopérative étant le prolongement des activités de l'associé coopérateur, le résultat qu'elle génère constitue son revenu, c'est-à-dire sa rémunération. Il est donc intégré à son assiette fiscale et imposable à son niveau. Si la coopérative était elle-même soumise à l'IS au titre de ces activités, ce résultat serait taxé deux fois : d'un côté, au titre de l'outil collectif (la coopérative) et, de l'autre, au titre de l'agriculteur (membre de la coopérative). Cette double taxation serait injuste pour les agriculteurs car le revenu de leur coopérative se confond avec le leur, puisqu'ils en sont les propriétaires. Les coopératives agricoles sont donc partiellement exonérées d'IS du fait de leur fonctionnement particulier.

En effet, les coopératives agricoles ne sont pas dans une situation comparable à celle des entreprises civiles ou commerciales. Elles n'ont d'activité principale qu'avec les associés coopérateurs établis dans la circonscription territoriale délimitée dans leurs statuts. Elles ont l'obligation de collecter la production engagée de leurs associés coopérateurs, sans pouvoir librement s'adresser aux « fournisseurs » de leur choix.

Elles ne peuvent s'approvisionner auprès de fournisseurs tiers que dans une limite de 20 % de leur chiffre d'affaires annuel, le résultat de ces opérations étant alors soumis à l'IS. Elles ne peuvent pas se délocaliser, et cela même si les conditions économiques sont plus favorables ailleurs puisqu'elles restent liées aux producteurs de leur territoire, situé nécessairement en France. Enfin, la rémunération du capital social – les intérêts aux parts sociales – est plafonnée par la loi. Aussi, les réserves constituées au cours d'éventuels exercices excédentaires ne sont pas la propriété des associés coopérateurs mais demeurent un patrimoine collectif impartageable.

Les obligations spécifiques qui incombent aux coopératives agricoles sont nombreuses. Ces dernières garantissent aux agriculteurs que leur structure agit dans leur intérêt. Elles justifient leurs particularités fiscales.

On l'a vu, les coopératives sont assujetties à la fiscalité de droit commun au titre des opérations qu'elles réalisent avec des tiers non associés. Aucune dérogation n'est appliquée non plus aux revenus générés avec les associés coopérateurs, en dehors de leur engagement d'activité (revenus financiers, revenus de location, etc.), ni encore aux filiales des coopératives qui sont des sociétés commerciales soumises à la fiscalité de droit commun. À mesure qu'elles se développent, certaines coopératives constituent des groupes de sociétés avec des filiales dédiées à certaines activités, comme la transformation des produits collectés auprès des agriculteurs.

Autre singularité – décidément, ce ne sont pas des entreprises comme les autres – les coopératives agricoles bénéficient de certaines dérogations pour les impôts locaux. En effet, en vertu de l'article 1451 du Code général des impôts, les coopératives qui emploient trois salariés au maximum ou qui se consacrent par exemple à l'utilisation de matériel agricole, à l'insémination artificielle, au conditionnement des fruits ou légumes, ou à la vinification, sont totalement exonérées de la cotisation foncière des entreprises (CFE). Toutes les autres coopératives agricoles bénéficient d'un abattement de 50 % sur leur base d'imposition à la CFE. Cet abattement se justifie par le fait que les coopératives étant le prolongement des exploitations, la valeur locative de leurs installations est considérée comme le prolongement de toutes celles dont pourraient disposer leurs associés coopérateurs sur leurs exploitations individuelles s'ils n'avaient pas mutualisé leurs activités en coopérative. Dans la même logique, l'exonération de la taxe foncière sur les propriétés bâties (TFPB) qui servent aux exploitations rurales bénéficie également aux bâtiments des sociétés coopératives agricoles indissociables de leurs activités, comme les locaux de stockage des produits agricoles non transformés (silos, granges, celliers, pressoirs, etc.).

On oublie souvent de dire que ce régime particulier des coopératives leur vaut d'être écartées de tous les dispositifs de crédit d'impôt, de plus en plus utilisés par les pouvoirs publics.

Malgré les critiques qui se sont élevées, la légitimité du régime fiscal des coopératives agricoles a été reconnue et validée à plusieurs reprises par les juges français et européens. La Cour de justice de l'Union européenne (CJUE) s'est ainsi prononcée favorablement en 2011 sur la conformité de ces règles au droit de la concurrence. Elle a pleinement confirmé la possibilité pour les États membres de prévoir un régime fiscal spécifique pour les coopératives agricoles, sans que celui-ci ne soit considéré comme une aide d'État, aide prohibée par les règles de libre concurrence qui s'appliquent au marché européen. La fiscalité particulière des coopératives est considérée comme proportionnée aux contraintes juridiques auxquelles elles sont soumises. La plus haute instance de l'Union européenne a donc bien avalisé le régime fiscal français qui s'applique aux coopératives agricoles.

Parmi les spécificités justifiant ce régime particulier, les coopératives font l'objet de nombreux contrôles qui assurent l'application effective des règles spéciales. Au-delà des contrôles fiscaux (nombreux pour limiter l'exonération d'IS aux seules activités avec les associés coopérateurs) et des contrôles des commissaires aux comptes, les coopératives agricoles sont soumises à un contrôle spécifique. Premièrement, les coopératives agricoles sont constituées selon des modèles de statuts homologués par le ministère de l'Agriculture qui mettent en œuvre les principes coopératifs selon les activités qu'elles développent. Ces modèles de statuts ne sont pas librement adaptables et laissent donc peu de marge de manœuvre aux coopératives quant à leur mode de fonctionnement. Deuxièmement, les coopératives agricoles sont sous le contrôle permanent du Haut Conseil de la Coopération Agricole (HCCA). Cet établissement d'utilité publique s'assure du respect des principes, textes et règles applicables aux coopératives agricoles. Il leur délivre un agrément lors de leur constitution. Les coopératives doivent déposer au HCCA un dossier annuel de contrôle complet. Enfin, elles doivent se soumettre tous les 5 ans à la procédure dite de « révision », à la demande du HCCA. La « révision » est un audit mené par un « réviseur agréé » destiné à vérifier la conformité de l'organisation et du fonctionnement de la coopérative agricole aux principes coopératifs et à l'intérêt de ses membres. Cette procédure intervient dans des cas énumérés par la loi : lorsque la coopérative dépasse certains seuils, lorsqu'elle développe une activité avec des tiers, ou encore lorsqu'elle procède à des opérations importantes telles qu'une fusion ou une revalorisation de son capital social. À l'issue de sa mission, le réviseur remet à la coopérative un rapport, préconisant éventuellement des mesures et actions correctives, sous peine de sanction par le HCCA, pouvant aller jusqu'au retrait de l'agrément.

La fiscalité des coopératives agricoles comporte des particularités. C'est un fait. Mais celles-ci sont bien assujetties aux impôts, comme toutes les entreprises, et elles assument des obligations importantes en contrepartie de certaines exonérations limitées. Il est donc erroné d'affirmer qu'elles ne contribuent pas à la fiscalité française.

« Les coopératives agricoles perdent leur âme en grandissant. »

Il faut savoir changer pour rester soi-même.

Simone de Beauvoir

Premier constat, et non des moindres : les effectifs des agriculteurs français sont en chute libre comme le montre le recensement agricole réalisé en 2020 par le ministère de l'Agriculture et de l'Alimentation. En dix ans, leur nombre a baissé de 21 %, passant de 490 000 en 2010 à 389 000 en 2020. Ainsi, près de 100 000 exploitations ont été rayées de la carte de la France. Deuxième constat : les marchés agricoles ne sont plus aussi prévisibles qu'autrefois. Les équilibres commerciaux sont en pleine recomposition avec la mondialisation de la demande, l'intensification de la concurrence au sein même de l'Europe et au-delà, ainsi que l'apparition de nouvelles exigences exprimées par les citoyens et les consommateurs. Dans ce contexte, les coopératives agricoles françaises se sont engagées depuis une vingtaine d'années dans un vaste mouvement de concentration et d'extension territoriale qui se poursuit de nos jours.

À titre d'exemple, citons Agrial, issue de la fusion de trois coopératives en 2000. Par ce regroupement, la petite coopérative originelle du Cotentin est devenue un groupe d'envergure internationale. Aujourd'hui, Agrial gère 59 marques réparties dans plusieurs branches (lait, légumes et fruits frais, viandes et boissons) et réalise un chiffre d'affaires annuel de 6,2 milliards d'euros en 2021, grâce à 22 200 salariés implantés dans 11 pays sur 3 continents (Europe, Afrique,

États-Unis). Ses dirigeants affirment la solidité de leur modèle qui a su se développer en une vingtaine d'années autour du principe de « multi-spécialité », la croissance du groupe se faisant par la diversification de ses activités. Autre fusion : en 2021, le Centre vinicole-Champagne Nicolas Feuillatte et la Coopérative Régionale des Vins de Champagne (CRVC) ont constitué un nouvel ensemble nommé « Terroirs & Vignerons de Champagne » qui porte l'ambition de devenir l'un des trois opérateurs majeurs du vignoble champenois. Ces cas sont bien loin d'être uniques, comme en témoigne la multiplication des fusions et des alliances entre coopératives ces deux dernières décennies.

Conséquence de ces regroupements : le secteur coopératif agricole est aujourd'hui plus concentré et le nombre d'exploitations et de coopératives a baissé. Bien que 93 % des 2 200 coopératives agricoles françaises soient des TPE (Très petites entreprises) et des PME (Petites et moyennes entreprises), les cent premières réalisent environ 85 % du chiffre d'affaires de l'ensemble du secteur coopératif. Les groupes coopératifs collectent 70 % de la production agricole en France et représentent 40 % de l'industrie agroalimentaire. La raison de cette dynamique enclenchée il y a 20 ans est imparable : être plus forts ensemble pour survivre. Face à l'intensification de la concurrence, les coopératives agricoles n'ont pas le choix : s'unir pour capter de la valeur, la répartir, et faire ainsi perdurer leur modèle et les exploitations de leurs associés coopérateurs dans le temps, conformément à leur raison d'être. C'est un choix stratégique, économique, éthique.

Pour autant, la France reste loin derrière ses concurrents étrangers. La première coopérative au monde, la japonaise Zen-Noh, réalise un chiffre d'affaires annuel de plus de 40 milliards de dollars, lorsque la première coopérative française InVivo (céréales, vin, négoce de matières premières, boulangerie, distribution) fait 10 milliards d'euros par an, et ce depuis l'acquisition en 2021 du négoce de céréales Soufflet. Dans le top 10 des coopératives françaises, le chiffre d'affaires varie entre 2 et 5 milliards. Sur la scène européenne nos grands acteurs ne rivalisent pas non plus, par exemple avec l'Allemande BayWa et ses 19,8 milliards d'euros de chiffre d'affaires, la Néerlandaise FrieslandCampina (11,2 milliards d'euros) ou la Danoise Arla Foods (10 milliards d'euros). Difficile dans ce contexte de faire le choix de l'isolement. Grandir ou mourir, telle est la question.

Les ventes des coopératives françaises
se situent en dessous de la moyenne du top 100 européen

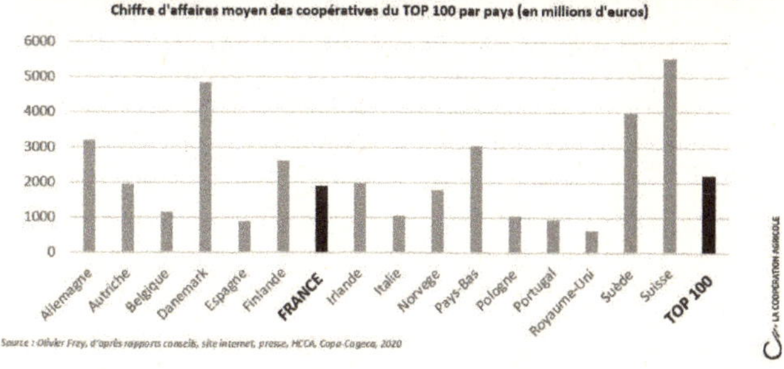

Source : Olivier Frey, d'après rapports conseils, site internet, presse, MCCA, Copa-Cogeca, 2020

Que suscitent ces regroupements croissants ? Certains nostalgiques des premières heures reprochent aux coopératives de perdre leur âme, c'est-à-dire de s'être dévoyées pour répondre aux défis d'une économie globale. C'est ainsi que le média d'investigation en ligne basta! affirme que « les coopératives ont délaissé les principes fondateurs de la coopération solidaire en se laissant imposer une ingénierie financière directement inspirée du secteur privé pour être compétitives dans une course chimérique à la mondialisation. » Une vraie crainte s'exprime entre ces lignes : celle que les coopératives deviennent des multinationales ultralibérales qui perdent leurs valeurs fondamentales et recherchent le profit avant tout, au mépris des agriculteurs et des consommateurs. Le modèle coopératif se retrouve ainsi confronté à une réelle crise de confiance et à un risque de distension du lien qui unit les associés coopérateurs à leur coopérative. Comment se sentir écouté lorsque l'on est une voix parmi des milliers d'autres ? Comment les dirigeants répondent-ils à des contraintes de concurrence, de stratégie, de développement à l'international, tout en préservant les intérêts de leurs agriculteurs associés ?

Si la taille introduit des craintes justifiées, juridiquement, le modèle et les valeurs qui le sous-tendent restent les mêmes, dans une petite coopérative ou un grand groupe. La règle qui prévaut est toujours « une personne = une voix ». La taille de la coopérative ne remet donc nullement en cause ni sa gouvernance, ni les fondamentaux du modèle : l'équité, la responsabilité, la solidarité et la proximité. Elle ne peut être considérée comme un facteur discriminant pour les associés coopérateurs.

Cependant, à mesure qu'elles se développent, les coopératives agricoles font face à de nouveaux défis. Elles doivent s'organiser pour trouver les moyens de maintenir concrètement le lien qui les unit à leurs associés et répondre au sentiment de déconnexion exprimé par certains.

Pour dissiper cette impression d'éloignement et de perte de contrôle des associés coopérateurs, les coopératives doivent insuffler du dynamisme dans la vie démocratique. D'une part, un dialogue permanent doit s'instaurer entre les organes de gouvernance existants et, d'autre part, il est nécessaire de créer des instances intermédiaires dites de proximité, appelées « sections ». Une coopérative qui s'étend sur un large territoire a tout intérêt à créer de telles instances de déconcentration territoriale pour permettre au plus grand nombre de s'impliquer et de désigner les délégués qui iront voter en leur nom à l'assemblée générale. La plupart des groupes coopératifs ont opté pour cette gouvernance décentralisée, gage pour tous les associés de mieux faire entendre leurs préoccupations de terrain et leurs souhaits d'avenir. Chez Cristal Union, les 9 000 coopérateurs sont représentés par 120 élus répartis en 8 sections. Chacune dispose d'un conseil de section dont les membres sont élus par les associés en assemblée générale de section. Chaque conseil se compose de 3 élus qui siègent au conseil d'administration de Cristal Union. Cet échelon local est le premier étage de la gouvernance en coopérative. Il garantit aux coopérateurs une gestion responsable et démocratique au plus près de leurs préoccupations de terrain. Un ou plusieurs membres du comité de direction peuvent assister à ces conseils afin d'échanger en direct avec les conseillers et leur apporter des informations sur l'actualité de leur coopérative. Et cela marche ! « Cela m'apporte beaucoup d'informations sur la filière, cela me permet de mieux comprendre les enjeux, d'y participer et d'être réellement actrice de mon avenir plutôt que de le subir » témoigne une conseillère de section. « Le directeur industriel est venu nous expliquer toute la problématique de la décarbonation. Il y a des enjeux dont on prend conscience, dont on ne pensait pas qu'ils étaient si importants. Ce qui va nous permettre de réagir directement sur nos exploitations », déclare un autre. La direction explique que c'est ce fonctionnement collectif, où la parole est écoutée et respectée, qui permet à la direction générale de proposer les actions à mener et d'agir au quotidien dans l'intérêt de tous. Le succès d'une bonne gouvernance tient dans cette capacité d'échange permanent entre les administrateurs qui représentent l'ensemble des coopérateurs et l'équipe de direction qui est là, à la fois pour diriger l'entreprise au quotidien mais aussi faire des propositions, apporter des projets discutés avec les élus pour voir s'ils sont intéressants pour eux et pour tous les coopérateurs. Ainsi, tout le monde porte les valeurs et l'intérêt général de la coopérative. « Dans notre modèle, les hommes comptent énormément et si on n'a pas en permanence le souci de l'adhérent, la structure s'effondre » insiste le directeur général de l'un des groupes coopératifs les plus importants de France.

Si la taille fait naître des problématiques de distanciation, elle constitue également, sur le plan économique, un atout. Se développer assure aux coopératives des avantages concurrentiels en matière de diversification et d'économie d'échelle, tout en leur permettant d'accroître leurs capacités d'investissement notamment dans la recherche et le développement. Être plus grand signifie aussi être doté d'une force de frappe plus importante sur plusieurs marchés avec pour objectif de toujours mieux rémunérer les agriculteurs coopérateurs tout en investissant sur le long terme. Cela signifie aussi davantage de moyens pour former les agriculteurs et les élus. Les grandes coopératives ont enfin les ressources nécessaires pour construire des relations plus fortes et pérennes avec leurs clients, et ainsi mieux répondre aux besoins des consommateurs. Leur développement a un « effet levier » sur les filières qui permet d'accompagner les transitions de la production française de manière efficace. Le regroupement de coopératives entre elles peut aussi leur procurer un poids plus important dans la négociation avec leurs clients, notamment la grande distribution.

Les puissantes coopératives qui existent dans le paysage coopératif français peuvent ainsi être des exemples inspirants pour les plus petites coopératives. Même si les décisions sont toujours plus difficiles à prendre en grand nombre qu'en comité restreint et qu'un associé coopérateur est fatalement plus isolé à 12 000 qu'à 7, les grandes coopératives demeurent fidèles à la gouvernance et aux valeurs du modèle qu'elles s'efforcent de faire perdurer. Sur ce chemin délicat, elles se révèlent souvent inventives pour entretenir le dialogue entre leurs membres et faciliter leur intégration. Enfin, elles présentent plusieurs avantages dont un impact réel sur l'avenir du secteur agroalimentaire par leur capacité renforcée à assurer aux agriculteurs une présence sur les marchés et à innover. Petites ou grandes, les coopératives agricoles puisent leur force dans leur modèle, en faisant vivre les fondements de celui-ci au quotidien.

« Les coopératives agricoles ne sont pas des acteurs de l'agroalimentaire. »

Le tout est plus grand que la somme des parties.

Confucius

Gare à une vision trop « agricolo-centrée » du secteur alimentaire ! Ce n'est qu'un petit bout de la lorgnette. À l'image des Parisiens qui flânent au Salon de l'agriculture, la mine réjouie, pour caresser des veaux et autres animaux de la ferme, avant de déguster un morceau de comté du Jura, les coopératives sont souvent vues comme de petits regroupements de producteurs, proposant des produits locaux qu'ils vendent en direct à la ferme. C'est ainsi que de nombreux citoyens perçoivent encore aujourd'hui le secteur. À l'inverse, bien loin de cette vision champêtre, les Français associent l'agroalimentaire à une industrie forte menée par de grands groupes puissants.

Questionnons cette image d'Épinal. Les coopératives agricoles ne sont-elles que des acteurs de l'amont dans la chaîne alimentaire, c'est-à-dire dans la production agricole, ou ont-elles également un rôle en aval, c'est-à-dire en matière de transformation, voire même de commercialisation des produits issus des productions de leurs agriculteurs associés ?

Pour répondre à cette question, rappelons-nous que les coopératives pèsent d'un poids très important sur le secteur agroalimentaire. Avec un chiffre d'affaires de 86 milliards d'euros en 2020, elles représentent 40 % du chiffre d'affaires de l'agroalimentaire français. Ce n'est pas un hasard. Bien loin de se réduire à une activité de production dans les champs, les coopératives sont aussi des acteurs industriels majeurs. La plupart d'entre elles transforment les productions qu'elles collectent auprès de leurs associés coopérateurs. La preuve : elles sont partout, sous nos yeux, dans les rayons des magasins sans que nous en ayons forcément conscience. Une bouteille de vin sur deux est issue de caves coopératives et une marque alimentaire sur trois appartient à une coopérative, comme Yoplait, Florette, Paysan Breton, Jacquet, Daddy, Labeyrie… des noms connus de tous. C'est dire combien les coopératives œuvrent d'un bout à l'autre de la chaîne. Et comme Monsieur Jourdain fait de la prose sans le savoir, nous mangeons des produits coopératifs souvent sans le savoir.

Les coopératives agricoles sont pour beaucoup des entreprises agricoles ET agroalimentaires. Aujourd'hui, l'un va rarement sans l'autre pour fabriquer tous les produits présents dans les divers magasins et grandes surfaces. C'est aussi le moyen pour elles de rester compétitives et de faire perdurer leur modèle. Ainsi, nombreuses sont celles qui ont pris de l'ampleur et ont développé leurs activités tant sur le volet agricole que sur celui de l'agroalimentaire dans le but de capter de la valeur sur différents marchés. La coopérative Les Celliers Associés par exemple, produit les cidres Val de Rance. Elle est engagée, de la culture et la récolte des pommes à la production du cidre, jusqu'à l'embouteillage et l'expédition des produits. Dans un autre secteur, des paysans de la vallée des Aldudes au Pays basque se sont regroupés au sein de la coopérative Belaun pour transformer et commercialiser toute une gamme de viandes de boucherie, produits de charcuterie et produits cuisinés réalisés à base des porcs, brebis et vaches issus de leurs élevages. Les coopératives disposent bien de sites de transformation, parfois implantés dans plusieurs pays, et développent de nombreuses activités agroalimentaires dans l'ensemble des filières. Cette maîtrise d'un bout à l'autre de la chaîne alimentaire permet de donner du poids aux agriculteurs, grâce à la coopérative, dans la négociation des prix avec les différents clients : la grande distribution, les acteurs de la restauration, les acheteurs à l'export... C'est bien l'union qui fait la force !

Pour comprendre ce phénomène, revenons-en aux singularités du modèle coopératif et à sa raison d'être. D'une part, les coopératives agricoles ont pour mission de valoriser sur les marchés, au mieux et au plus juste prix, les productions qu'elles collectent auprès de leurs agriculteurs associés. D'autre part, elles visent à doper la vitalité des territoires ruraux dont elles sont issues en y créant des activités économiques et des emplois grâce à un ancrage territorial durable. Car leur histoire, comme leur avenir, rime avec territoire. S'il est vrai qu'initialement les coopératives agricoles étaient de petites structures de collecte de matières premières, elles se sont progressivement et structurellement développées d'un bout à l'autre de la chaîne alimentaire pour répondre à ces missions. C'est aussi pour mieux rémunérer leurs agriculteurs coopérateurs qu'elles ont conquis de nouveaux marchés et développé leurs activités de transformation, voire même de commercialisation par le biais de la vente en direct. Dynamiser la production agricole passe donc nécessairement par le développement d'un environnement agroalimentaire. Une évolution telle, que les coopératives agricoles jouent aujourd'hui un rôle majeur sur les marchés et dans la structuration des filières. Miel, lait, tabac, vin, insémination et nutrition animale, lin, aviculture, forêt et bois, plantes aromatiques, alcool et distillerie, bétail et viande, betterave et sucre, fruits et légumes, électricité, grains, luzerne et approvisionnement… les coopératives sont présentes dans toutes les filières agricoles et agroalimentaires.

Les coopératives agricoles font ainsi naturellement le trait d'union entre l'agriculture et l'alimentation. Plus encore : elles sont également un outil majeur de la chaîne de production très en amont car elles sont responsables de 70 % de l'approvisionnement agricole. Elles fournissent ainsi à leurs membres les produits et biens dont ils ont besoin pour leurs productions (engrais, semences, alimentation animale, produits phytosanitaires, etc.), sans compter la mutualisation de moyens (matériels, hangars, ateliers, main-d'œuvre, etc.) nécessaires à leurs activités agricoles. C'est précisément le rôle des CUMA (Coopératives d'utilisation de matériel agricole). Cela montre à quel point les coopératives sont soucieuses de maîtriser l'intégralité du processus de la chaîne alimentaire de manière autonome, du tracteur au choix de l'emballage de leurs produits.

Il reste toutefois un maillon que les coopératives agricoles ne maîtrisent pas ou peu : la distribution des produits transformés. Si certaines structures disposent de leur magasin de vente en direct ou de leur plateforme de vente en ligne, la commercialisation des produits de grande consommation reste essentiellement aux mains de la grande distribution. Deux tiers des achats alimentaires se font encore aujourd'hui en grandes surfaces. Or, les relations entre les acteurs de l'agroalimentaire et ceux de la distribution sont historiquement tendues. En dépit des nombreuses lois votées depuis 20 ans pour réguler les relations commerciales entre fournisseurs et distributeurs, la guerre des prix persiste et les coopératives n'échappent pas à ce maelstrom. Si l'objectif des lois EGAlim I (2018) et II (2021) visant à assurer une rémunération plus juste des agriculteurs doit être salué, la mise en œuvre de ce corpus législatif reste encore perfectible et un changement des comportements des enseignes de la grande distribution est attendu. En témoignent les récentes crises mondiales qui n'ont fait qu'accentuer le rapport de force. Avec la pandémie de Covid, la multiplication des aléas climatiques ou encore le retour de la guerre sur le continent européen, le prix des matières premières agricoles et industrielles a significativement augmenté, entraînant un accroissement des coûts de production et de transformation... sans pour autant que ces différentes hausses soient suffisamment prises en compte par les distributeurs. Ce contexte, ajouté à la compression structurelle des marges des industries agroalimentaires, fragilise l'appareil productif français. Il met en péril la vitalité des emplois dans les territoires et, plus largement, la souveraineté alimentaire de la France.

En effet, et c'est là un point essentiel, les coopératives ne sont pas des acteurs agroalimentaires comme les autres. Elles souhaitent toujours répondre le plus justement possible aux attentes de tous les consommateurs en faisant le lien avec les associés coopérateurs. Grâce à leur présence sur l'ensemble de la chaîne alimentaire, elles sont un puissant relai entre les demandes sociétales et les actions de terrain. Elles l'ont largement prouvé pendant la crise sanitaire du Covid en démontrant leur capacité à réagir, efficacement et rapidement, face à une demande et des marchés totalement bouleversés. Elles ont réussi à produire plus en un temps record ou à adapter leurs canaux de distribution, permettant ainsi aux Français de continuer à s'alimenter, grâce à des magasins correctement approvisionnés. Ainsi, en maîtrisant toute la chaîne de production et grâce au lien très fort qui unit l'ensemble de leurs membres, les coopératives sont capables de s'organiser rapidement pour répondre à une demande précise, et d'adapter, de l'amont à l'aval, l'ensemble des processus de production et de transformation dans des moments de crise. C'est une vraie force. Mais surtout, de plus en plus nombreuses sont les coopératives qui songent à développer la vente en direct par le biais de plateformes en propre afin de pouvoir maintenir leur offre de produits de qualité au juste prix, récupérer une partie de la marge qui leur échappe en vendant à des distributeurs, mais aussi conserver cet ancrage français jusque dans le e-commerce.

Allons plus loin. Par leur maîtrise de la production à l'outil industriel, les coopératives agricoles jouent un rôle essentiel dans le développement de certains segments de marché tels que la certification HVE (Haute Valeur Environnementale) ou encore l'agriculture biologique. La qualité de l'alimentation est au cœur des attentes des Français aujourd'hui. En juin 2019, les Vignerons Coopérateurs de France se sont engagés aux côtés de la Confédération des vins IGP (Indication géographique de proximité) et du ministère de l'Agriculture et de l'Alimentation à emmener l'ensemble des membres des caves coopératives vers la certification HVE ou bio dans un délai de 5 ans. En ce qui concerne le marché du bio, il a connu une croissance sans précédent en 5 ans. En 2020, la consommation de produits bio représentait 13 milliards d'euros d'achats, soit le double de l'année 2015. Aujourd'hui, 750 coopératives agricoles sont certifiées bio et sont impliquées dans la croissance de cette filière. Les coopératives jouent d'ailleurs un rôle majeur dans les filières bio françaises avec par exemple 76 % de la collecte de céréales. En regroupant l'offre, elles rendent les produits bio disponibles dans tous les circuits de distribution : supermarchés, magasins spécialisés, cantines, export... Elles contribuent aussi à faire de la France le 2e marché bio européen, juste après l'Allemagne. Ces données illustrent bien la capacité de la « machine coopérative » à s'adapter aux évolutions de la demande. Aujourd'hui, la baisse remarquée de la consommation du bio les amène de nouveau à s'adapter d'un bout à l'autre de la chaîne. Phénomène notable : les ventes de produits bio dans les grandes surfaces ont baissé de 3,9 % en 2021, pour la première fois en 8 ans, tout en augmentant chez les artisans et dans la vente directe dans un premier temps. Mais le contexte inflationniste actuel et les attentes fluctuantes des consommateurs rendent le marché du bio très incertain. Or, c'est la vie des coopératives que d'anticiper les marchés et ainsi de planifier leurs productions pour s'assurer qu'elles sont bien en adéquation avec la demande des clients.

Les coopératives agricoles sont donc, à n'en pas douter, des acteurs clés de l'industrie agroalimentaire. Leur très forte capacité à s'adapter et à innover pour répondre aux attentes des consommateurs et des marchés, tout en cherchant à garantir l'avenir de leurs associés coopérateurs, en font des acteurs uniques, indispensables au secteur agroalimentaire français.

« Les consommateurs ne connaissent pas les coopératives agricoles. »

On ne saurait aller trop loin dans la connaissance de l'homme.

Émile Zola

90 % des Français ont déjà entendu parler des coopératives agricoles. C'est ce que révèle un sondage réalisé par l'IFOP en 2022. Pour autant, « avoir entendu parler » ne signifie pas connaître, c'est-à-dire appréhender les réalités concrètes du modèle coopératif et les valeurs qui le sous-tendent. Les consommateurs français ont-ils bien conscience des spécificités de ces entreprises agricoles et de leur poids économique dans notre pays ? Ce poids est considérable ! Les chiffres parlent d'eux-mêmes. Trois agriculteurs sur quatre adhèrent à au moins une des 2 200 coopératives présentes sur le territoire national et un agriculteur sur deux est membre d'une CUMA (Coopérative d'utilisation de matériel agricole). Les coopératives agricoles dans leur ensemble emploient au total 190 000 salariés (filiales incluses) et représentent 70 % de la production agricole et 40 % du chiffre d'affaires de l'agroalimentaire français. Un tiers des marques alimentaires appartiennent à des coopératives agricoles et une bouteille de vin sur deux est issue de caves coopératives selon La Coopération Agricole. Les coopératives agricoles sont donc incontestablement des acteurs incontournables de l'agriculture et du secteur agroalimentaire français.

Or, si 9 personnes sur 10 ne sont pas surprises lorsque l'on évoque les coopératives agricoles, seulement 46 % voient précisément de quoi il s'agit, selon le même sondage IFOP. Bien sûr, des marques telles que Francine, Père Dodu, Daddy, d'aucy, Yoplait ou encore Nicolas Feuillate sont connues de tous, que l'on soit consommateur ou non de leurs produits. Cependant, très peu se doutent qu'il y a une coopérative agricole derrière. Très peu savent ce que représente une coopérative en matière de production, de transformation, de commercialisation ou encore de rémunération pour les agriculteurs. De manière plus subtile, ce sont des centaines de milliers de produits que l'on retrouve dans les rayons des magasins qui, sans être directement commercialisés sous le nom d'une marque coopérative, sont par exemple fabriqués à partir d'ingrédients provenant d'une coopérative agricole. Prenons un exemple. La coopérative laitière Prospérité Fermière commercialise sous la marque « Prospérité » du lait de consommation en bouteille. Le nom de la coopérative apparaît directement sur ces produits, et cela de manière très visible pour le consommateur qui achète une bouteille de lait sur laquelle est inscrit « Prospérité, Coopérative Laitière depuis 1949 ». Cette même coopérative a une autre activité : elle extrait du lait, grâce à un procédé d'ultrafiltration, des ingrédients de haute technologie qu'elle va ensuite vendre à d'autres entreprises agroalimentaires, et qui participeront à la fabrication de fromages, de chocolats ou de glaces. Dans cette seconde activité, l'origine coopérative ne saute pas aux yeux du consommateur et celui-ci n'aura aucun moyen de savoir que la poudre de lait utilisée pour fabriquer sa tablette de chocolat est issue d'une coopérative agricole. De nouveau, le poids du secteur coopératif est considérable dans l'industrie agroalimentaire française, mais le consommateur ne le sait pas ou si rarement.

Une étude menée par le CREDOC en 2021 souligne néanmoins un *a priori* positif des Français à l'égard du secteur des coopératives agricoles. À la question « si je vous dis coopérative agricole, à quoi pensez-vous ? », les personnes interrogées répondent par des termes très positifs tels que « regroupement de producteurs », « produits locaux », « juste rémunération des agriculteurs », « écologique », « entraide », « frais », « sain », « meilleur ». Autre chiffre intéressant : l'étude révèle que 16 % des consommateurs sont fortement enclins à acheter des produits issus de coopératives agricoles, lorsqu'ils ont connaissance de cette origine.

À cette image positive, même si partielle, s'ajoute aussi parfois une perception totalement erronée. Pour certains béotiens – mais ils sont nombreux – la coopérative agricole évoque d'un côté le vieux monde rural – un agriculteur désuet passant ses journées les mains dans la terre et vendant ses produits sur le marché du village – et de l'autre, l'industrie agroalimentaire de masse, bien loin des considérations de terrain et des transitions écologiques. La réalité est tout autre.

Pour toutes ces raisons, communication et pédagogie s'imposent. Ce sont les armes pour faire connaître le modèle coopératif ainsi que les principes mutualistes et démocratiques qui lui sont intrinsèquement attachés. Loin des images d'Épinal, il est important de faire savoir également aux Français l'extrême diversité des coopératives agricoles et leur contribution majeure à l'agroalimentaire. Les citoyens, comme les acteurs du secteur, y ont d'ailleurs un intérêt immense car les coopératives n'ont de cesse de vouloir répondre aux attentes nouvelles des consommateurs et aux enjeux du monde actuel et de demain.

Si le fait qu'un produit soit issu d'une coopérative agricole détermine l'achat d'une poignée de consommateurs, il est certain que cela pourrait en séduire davantage. Pourquoi ? Car les coopératives agricoles sont dotées de tous les atouts pour répondre à leurs préoccupations. Quelles sont-elles ? On le voit, les Français recherchent de plus en plus de transparence et d'égalité aussi bien en politique, que dans leur travail et jusque dans leur alimentation. Ils sont concernés par leur pouvoir d'achat, mais aussi par les questions de transitions climatiques et écologiques, d'innovation, de durabilité. Les préoccupations environnementales et la préservation de la planète les interpellent de près ou de loin. Ils sont de plus en plus nombreux à vouloir donner du sens à leurs actes dans tous les pans de leur vie. S'agissant de leur alimentation, ils ont à cœur de savoir ce qu'ils ont dans leur assiette et se demandent comment réconcilier leur porte-monnaie avec de bons produits dans tous les sens du terme (goût, apport nutritionnel, sécurité, accessibilité, etc.). Or, les coopératives répondent à l'ensemble de ces préoccupations car elles reposent sur un modèle qui est par essence démocratique, transgénérationnel et non délocalisable. Démocratique, car peu importe la taille de l'exploitation, l'agriculteur associé coopérateur a la même part de pouvoir au sein de sa coopérative. C'est le principe « une personne = une voix ». Transgénérationnel, car les coopératives voient sur le long terme, dans le but de préserver les territoires et de faire en sorte que les exploitations agricoles soient transmises de génération en génération. Non délocalisable, car depuis leur origine, elles sont attachées à un territoire et en assurent le dynamisme. Elles ne peuvent déplacer leur siège social au gré des fluctuations de leurs résultats économiques.

Un exemple concret vaut mieux que mille mots. La thématique du bien-être animal est un sujet d'intérêt majeur pour les citoyens consommateurs, soucieux non seulement de la qualité des produits qu'ils consomment mais également de leur mode de production. L'impact environnemental, les conditions d'élevage ou encore la redistribution équitable de la valeur à tous les maillons de la chaîne sont désormais au cœur des préoccupations sociétales. Voici une illustration probante : la coopérative Bovi-Coop en Rhône-Alpes accompagne depuis 2003 la mise en place et la commercialisation d'un veau croisé, nourri au lait frais entier pendant cent jours. Le goût et la tendreté de la viande issue de ce veau sont appréciés des consommateurs, en plus de sa qualité, de son caractère local et du respect du bien-être des animaux. Pour les éleveurs, cette activité a du sens. Les commerçants peuvent expliquer aux consommateurs que les veaux sont élevés localement et nourris au lait de vache. La viande qu'ils vont manger provient d'un circuit local et de pratiques respectueuses des animaux et de l'environnement. Certains éleveurs ne se privent pas de le faire savoir haut et fort. C'est le cas d'Antoine Thibault, membre de la coopérative laitière Sodiaal. Plus connu sous le nom d'AgriSkippy sur les réseaux sociaux, cet éleveur laitier installé dans l'Eure est suivi par plus de 30 000 abonnés sur YouTube et Twitter. Il aborde régulièrement les questions de pratiques d'élevage, d'alimentation et de bien-être animal soulevées par ceux qui le suivent. Il montre tout, sans filtre : de l'animal malade ou blessé à la perte d'un veau. Il estime qu'il faut parler de tous les aspects du métier. Cette présence sur les réseaux lui a aussi permis de tester de nouvelles pratiques, ou encore de porter auprès du grand public des messages importants sur le soin qu'il apporte à ses animaux.

On le voit, l'important pour les coopératives est de recréer ce lien qui les unit aux consommateurs et aux citoyens français pour que ceux-ci prennent conscience qu'elles répondent concrètement à leurs attentes. Comment ? En allant à leur rencontre ! Les coopératives agricoles doivent mettre en œuvre tous les moyens pour inciter leurs membres à promouvoir leurs produits sur les foires et les marchés par exemple. Les commerciaux des coopératives sont de plus en plus enclins à développer leur argumentaire de vente en mettant en avant les valeurs de « local » et de « circuit-court » qui trouvent un écho auprès des consommateurs. Les coopératives font aussi l'effort d'être plus présentes dans les lycées et les écoles d'agronomie pour faire découvrir leur modèle.

Les coopératives agricoles et leurs agriculteurs sont donc de plus en plus conscients du besoin impérieux de faire connaître leur logique vertueuse. Il en va de leur survie sur le long terme et du regard que le grand public porte sur l'agriculture. Présentes à toutes les étapes de la filière agroalimentaire, les coopératives agricoles proposent aux consommateurs des produits de qualité, respectueux des hommes, des territoires et du bien-être animal. Elles apportent ainsi une réponse concrète aux différentes demandes et aux attentes des Français.

« Les coopératives agricoles sont de plus en plus déracinées de leur territoire. »

Manger, c'est incorporer un territoire.

Jean Brunhes, géographe français

On reproche souvent aux coopératives agricoles d'être déconnectées de leur territoire. Cette idée colle en particulier à la peau des grands groupes coopératifs que le citoyen peine à imaginer comme des acteurs au service de leur région et de la ruralité.

D'où vient cette idée reçue ? On constate un curieux amalgame entre la taille des coopératives, la part du chiffre d'affaires qu'elles réalisent à l'export et leur ancrage territorial, comme si le fait de se tourner vers l'international impliquait nécessairement de perdre de vue toute considération locale. C'est évidemment faux. S'il est vrai que les coopératives agricoles réalisent en moyenne 25,2 % de leur chiffre d'affaires à l'export, d'après une étude de 2020 menée par le Haut Conseil de la Coopération Agricole, en quoi le fait d'exporter une partie de leur production et des produits qui en sont issus les empêcherait-elles d'engager une réelle dynamique de proximité sur leur territoire ?

Par construction et de manière historique, les coopératives possèdent un ancrage territorial très fort. Contrairement à des sociétés commerciales classiques, elles ne peuvent pas délocaliser leur siège social pour des considérations fiscales ou en fonction des évolutions du marché. Leurs statuts leur fixent une circonscription territoriale à laquelle elles sont liées. De plus, parce qu'elles appartiennent aux agriculteurs, les coopératives sont attachées au territoire par leur implantation. 74 % des sièges sociaux des coopératives agricoles se trouvent en zone rurale. Autre point, et non des moindres : l'ancrage territorial des coopératives agricoles est durable et solidaire. Ces dernières œuvrent pour faire vivre les exploitations dans la durée et leur permettre de se maintenir sur le territoire, de génération en génération. Elles apportent également une aide très précieuse aux jeunes agriculteurs qui s'installent. Tel est le cas des Vignerons de Puisseguin Lussac Saint-Émilion, cave coopérative qui accompagne ses jeunes associés coopérateurs. Grâce à diverses aides, elle facilite leur installation et leur donne les moyens de passer le cap si difficile des premières années : avance de trésorerie à taux 0, prêt garanti, financement pour l'achat de matériel viticole, etc.

Par ailleurs, et c'est un point fondamental, les coopératives agricoles jouent un rôle d'employeur dans les territoires et sont même parfois le premier employeur privé des zones rurales. En intervenant d'un bout à l'autre de la chaîne alimentaire, elles créent des emplois directs et indirects, de la production à la transformation en produits finis. Cette implication locale va plus loin encore. En effet, les coopératives ont un fort impact sur l'économie locale du territoire auquel elles appartiennent par les répercussions qu'elles ont sur d'autres secteurs. Une étude menée sur les coopératives agricoles de Nouvelle-Aquitaine en janvier 2021 a ainsi montré que pour chaque million d'euros de chiffre d'affaires réalisé, celles-ci génèrent 2,15 millions d'euros de chiffre d'affaires de retombées locales dans d'autres secteurs (éducation, santé, commerces, tourisme, etc.), par ricochet, et soutiennent un grand nombre d'emplois, estimé à près de 98 000. C'est plus de 10 fois supérieur au nombre de salariés employés par les coopératives agricoles de la région (7 300). C'est dire à quel point les retombées économiques des coopératives agricoles sur leur territoire sont élevées et combien leur activité favorise un nombre important d'emplois.

Dans ce même élan, certaines coopératives contribuent également au rayonnement et à l'attractivité de leur région. La coopérative oléicole L'Oulibo a ainsi développé « L'Odyssée de l'olivier », véritable attraction touristique avec un parcours dans les champs d'oliviers, un son et lumière, un musée ainsi qu'une initiation à la dégustation d'huile d'olive. Grâce à ce parcours, L'Oulibo est devenu un acteur majeur du tourisme en Occitanie et participe activement à l'attractivité de la région. Le succès de cette action permet non seulement de faire connaître, mais aussi de faire vivre et préserver à la fois les producteurs, le paysage, le savoir-faire et la culture locale. L'ancrage territorial des coopératives agricoles est donc intrinsèque et viscéral. C'est un fait économique, on l'a vu, mais aussi une démarche qui tient à leur dimension mutualiste. De manière beaucoup plus forte et systématique que les autres entreprises, les coopératives sont particulièrement impliquées dans la vie locale de leur territoire. Elles sont souvent partenaires de projets publics ou privés locaux, et participent à l'organisation d'événements sociaux, culturels et sportifs. À titre d'exemple, le groupe coopératif Aqualande est mécène du festival de musique Musicalarue qui attire des grands noms de la chanson française à Luxey dans les Landes.

Cette dynamique de proximité dans laquelle s'inscrivent les coopératives agricoles est d'autant plus forte aujourd'hui qu'elle répond à la demande croissante des citoyens d'une alimentation traçable et locale. Les consommateurs expriment en effet de plus en plus le besoin de mieux connaître l'origine des produits qu'ils consomment et la façon dont ceux-ci sont élaborés. Ils sont de plus en plus attirés par les circuits courts et veulent s'alimenter avec des produits de leur région. Ils souhaitent en quelque sorte retrouver le lien direct entre l'agriculture et leur alimentation. Les coopératives agricoles cherchent depuis plusieurs années à s'approprier ce marché de proximité et à répondre à ces demandes. Comment ?

D'abord par la vente de leurs produits en direct en magasin ou dans un camion qui sillonne les routes et s'installe sur les marchés. C'est le choix fait par la coopérative Hop'la dans l'Est de la France qui réunit au sein d'un magasin de 350 m^2 les produits de 50 producteurs locaux (fruits, légumes, boucherie, épicerie, fleurs, crèmerie...). À Limoges, la coopérative Saveurs Fermières a ouvert deux points de vente collectifs de producteurs fermiers. En quête de qualité et de terroir, les consommateurs sont gagnants : proximité d'un commerce de quartier, produits frais en direct de producteurs locaux, excellent rapport qualité-prix.

Ensuite, de plus en plus de coopératives agricoles développent leur site de vente en ligne pour rapprocher encore davantage producteurs et consommateurs. C'est ainsi que la coopérative La Fruitière des Coteaux de Seille dans le Jura a créé, dans le prolongement de son magasin de vente directe, un site internet pour vendre ses fromages. Le groupe coopératif Cooperl a développé le site coopchezvous.com qui propose un large choix de viandes et charcuteries en provenance directe des éleveurs de la cooperative et de ses partenaires. En quelques clics seulement, il est possible de commander des produits du terroir et d'être livré à domicile ou en point relais partout en France. En plus de booster la vente de leurs produits et de toucher une cible plus large de consommateurs (par exemple, les citadins habitués à acheter en ligne et disposés à payer pour un service de livraison), c'est également très bénéfique pour l'image de la coopérative et cela renforce la cohésion entre les producteurs associés coopérateurs. Le modèle coopératif est ainsi clairement un atout face aux aspirations sociétales contemporaines.

Enfin, et c'est une contribution d'avenir, les coopératives sont des acteurs de plus en plus engagés dans l'économie circulaire, autrement dit dans une économie qui limite le gaspillage des ressources et la production de déchets. Aujourd'hui, les défis sont tels que le dynamisme d'un territoire ne peut se limiter à son volet économique et social. L'environnement et la préservation de la planète sont au cœur des préoccupations actuelles. Uni à sa terre par son activité, l'agriculteur doit s'engager au quotidien dans une démarche durable s'il veut maintenir son exploitation dans le temps. C'est donc naturellement que l'économie circulaire entre dans la vie des coopératives agricoles et la dynamique de proximité dans laquelle elles s'inscrivent. C'est ainsi que pour compléter sa production de luzerne déshydratée, la coopérative GraSaSa a choisi de fabriquer des granulés de bois. Quid de l'économie circulaire ? La coopérative produit ainsi une énergie renouvelable (les granulés de bois) pour le marché domestique local, tout en utilisant elle-même cette énergie pour chauffer l'air nécessaire au séchage de la luzerne et de la sciure. Le bois de forêt est très largement disponible en Corrèze, en Dordogne et dans le Lot, territoire de GraSaSa. Celle-ci permet une valorisation complète des parcelles de bois en achetant à une autre coopérative d'exploitation forestière le bois qu'elle ne vend pas. Il n'y a donc aucun gaspillage, et la totalité des ressources en bois du territoire est utilisée. Au-delà, cela permet aussi à la coopérative d'optimiser son outil de production, en s'en servant autrement pendant les mois durant lesquels elle ne déshydrate pas de luzerne. Elle déploie ainsi un fonctionnement efficace sur le plan économique et énergétique.

L'ensemble de ces initiatives ne fait qu'illustrer le fait que les coopératives agricoles sont par essence des circuits-courts. Rappelons qu'une coopérative agricole constitue le prolongement de l'exploitation de ses agriculteurs coopérateurs dont la vocation est de valoriser au mieux leur production sur les marchés, tout en répondant aux attentes de tous les consommateurs. Son ancrage territorial et le développement de certaines de ses activités aussi bien au niveau local qu'à l'international ne sont nullement contradictoires. Le fait qu'elle soit rattachée à un territoire ne lui interdit pas d'exporter ses produits dans d'autres régions françaises, dans d'autres pays d'Europe et dans le monde entier. Plus encore, son activité sur les différents marchés ici et ailleurs bénéficie au territoire de manière pérenne.

Grâce à leur ancrage territorial, les coopératives agricoles créent de la valeur en tissant du lien, et cela indépendamment de leur taille. De la ferme à l'assiette, elles contribuent au développement économique, social et environnemental de leur territoire. Ainsi, elles s'inscrivent naturellement dans une démarche de responsabilité sociétale. Véritables moteurs de l'économie locale et circulaire, elles n'ont pas de limite : elles ont un territoire.

« Du champ à l'assiette, des emplois et des métiers méconnus dans les coopératives agricoles. »

Il faut croire en ce qui accroît.

Antoine de Saint-Exupéry

« *Has been* », « immobiliste », « éprouvant », « ne présentant aucun intérêt pour les jeunes », « peu rémunérateur »... les mots associés au secteur de l'agroalimentaire et à son attractivité en matière d'emploi ne sont guère élogieux. Pourtant, un sondage publié début 2022 par le magazine *Capital* a recensé, secteur par secteur, les meilleurs employeurs de France (de plus de 500 employés), en s'appuyant sur un questionnaire envoyé à leurs salariés. Parmi les 41 entreprises agroalimentaires dans le palmarès, figurent huit coopératives : Sodiaal (5e), Agrial (20e), Cristal Union (26e), Tereos (29e), Cavac (34e), Limagrain (36e) et InVivo (41e). Si les groupes coopératifs apparaissent donc incontestablement attractifs, qu'en est-il des autres (TPE-PME) qui composent 95 % des coopératives agricoles ? Représentant 40 % du chiffre d'affaires de l'agroalimentaire français, les 2 200 entreprises coopératives situées sur l'ensemble du territoire jouent un rôle clé dans l'emploi en France avec un total de 190 000 salariés (filiales incluses). Présentes essentiellement dans les zones rurales, elles sont un levier majeur du dynamisme économique et social du territoire auquel elles appartiennent. Selon La Coopération Agricole, dans certains départements, les coopératives sont même le premier employeur privé du territoire. C'est dire si leur rôle est primordial pour la survie de l'emploi dans les campagnes françaises.

Par leur présence d'un bout à l'autre de la chaîne alimentaire, dans toutes les filières du secteur, les coopératives regroupent une palette insoupçonnée de métiers d'une extrême variété. Pour assurer leurs missions, elles s'appuient sur les talents de collaborateurs de formations très diverses, du CAP au Bac+6 : ingénieurs agronomes, commerciaux, opérateurs de lignes de production, techniciens agricoles, conseiller-vendeurs, experts en marketing, informaticiens, vétérinaires, transporteurs, etc. Du conseil à la direction en passant par la recherche et développement, la production, la distribution et le commerce, les coopératives agricoles sollicitent des expertises nouvelles de plus en plus pointues. À l'aune du réchauffement climatique, des crises géopolitiques et des bouleversements sociétaux, le monde agricole est en pleine mutation. Les défis auxquels sont quotidiennement – et prospectivement – confrontées les coopératives sont nombreux : décarbonation, robotisation, digitalisation, éthique et durabilité, etc. Pour y répondre, elles doivent s'entourer de nouvelles compétences qui sortent de leur champ traditionnel. Le regard négatif porté à l'encontre des coopératives agricoles sur la question de l'emploi est donc bel et bien biaisé. Dans la fourmilière de ces idées reçues sans fondement réel, la vérité est tout autre : les coopératives agricoles sont les employeurs de 1 001 métiers d'avenir et en perpétuelle évolution.

Il n'y a qu'à se rendre sur le terrain pour comprendre que les coopératives s'inscrivent dans la modernité. Elles recrutent de plus en plus de talents, au sein des métiers dits « émergents » ou « en pleine évolution », dans les domaines de la *supply chain*, du e-commerce, de la cybersécurité ou encore de la

RSE (Responsabilité sociétale des entreprises). Ainsi par exemple, chargé de communication et de marketing est un métier en plein essor dans les coopératives. Avec le développement des réseaux sociaux et l'évolution des modes de consommation, il déploie des stratégies de marketing digital pour accroître la proximité entre les clients et la coopérative. Pour accompagner leur transformation nécessaire vers le digital, les coopératives font aussi appel à des *data manager*. Ces derniers interagissent de plus en plus avec les conseillers techniques pour apporter des services personnalisés aux agriculteurs et développer des outils d'aide à la décision et des solutions digitales qui seront mises en œuvre sur les exploitations. Comme n'importe quelle autre entreprise, les coopératives agricoles n'échappent pas au piratage informatique, notamment les coopératives de grande taille. Elles s'attachent donc les compétences d'experts en cybersécurité qui mettent en place des solutions afin de garantir la sécurité et l'intégrité des systèmes d'information et des données de l'entreprise. Ils s'assurent par exemple du consentement d'un client ou d'un associé de la coopérative avant le partage de données sensibles et codent leurs données stratégiques. Responsable RSE est aussi un poste de plus en plus intégré dans les coopératives agricoles. C'est un métier aux multiples visages qui requiert des compétences d'organisation, de communication, en plus d'une expertise environnementale et éthique afin de piloter toute la démarche RSE de l'entreprise. En matière de recherche et développement, les métiers intégrés aux coopératives agricoles sont souvent insoupçonnés. Biostatisticien, technicien de laboratoire, ingénieur formulateur de produits en alimentation animale sont des métiers de pointe, notamment dans les filières insémination et nutrition animale. Ces personnes ultraqualifiées (Bac +5 minimum) jouent un rôle décisif dans la génétique de haute performance, les mécanismes biochimiques, ou encore les traitements biotechnologiques. Entre expérimentation, simulation, et action sur le terrain, elles sont au cœur de l'innovation au sein des coopératives agricoles.

S'agissant de l'emploi, la diversité est une chose, l'attractivité en est une autre. Le salaire n'est plus le seul critère dans le choix d'un métier. Les jeunes aspirent à un équilibre entre vie personnelle et vie professionnelle. Ils souhaitent travailler pour une entreprise en accord avec leurs valeurs, engagée dans une démarche sociale et environnementale. Trouver du sens dans son travail n'est plus une utopie mais la concrétisation quotidienne de la réalisation de soi. Les cartes du recrutement ont totalement été rebattues, davantage encore depuis la crise sanitaire. Jeunes et moins jeunes, les salariés d'aujourd'hui sont de plus en plus difficiles à fidéliser. Afin d'attirer les talents et de répondre à leurs attentes, les coopératives agricoles adaptent leur politique de ressources humaines et doivent faire connaître leurs valeurs sur le marché de l'emploi. Pour ce faire, elles développent notamment l'apprentissage. En 2020, 3 100 jeunes ont ainsi été accueillis au sein de coopératives agricoles dans le cadre d'une formation en alternance. Les contrats d'apprentissage ont augmenté de 38 % par rapport à 2019 et, désormais, plus de 1 000 coopératives sont engagées dans l'alternance. Dans le cadre des initiatives gouvernementales « 1 jeune, 1 solution » et « 1 jeune, 1 mentor », La Coopération Agricole s'est engagée auprès du Haut-commissariat à l'emploi et à l'engagement des entreprises et affiche une double ambition : augmenter le nombre de coopératives investies dans l'alternance de l'ordre de 15 % et faire qu'au moins 30 % des contrats en alternance conclus se poursuivent en CDD ou en CDI. Avec le déploiement du dispositif « 1 jeune, 1 mentor », La Coopération Agricole souhaite favoriser l'investissement dans le mentorat des acteurs de coopératives agricoles, salariés et agriculteurs coopérateurs, et permettre ainsi à chaque jeune, quels que soient son milieu social et sa situation géographique, de trouver sa voie professionnelle et de s'y engager en confiance.

Le potentiel pour faire rêver – ou à tout le moins séduire – ne manque pas. Dans une société en perte de repères, qu'est-ce qui a au fond plus de sens que le travail de la terre et l'alimentation ? Nourrir les Hommes est le défi de demain, tout comme la réussite des transitions écologiques. Les coopératives en sont les chefs de file. Profondément humain, le modèle coopératif s'appuie sur le partage entre des hommes et des femmes unis par un projet collectif. Leur fidélité à la terre et leur ancrage territorial en font des instruments de la proximité et de l'économie sociale et solidaire. L'incarnation la plus concrète de cette réalité coopérative est le métier de conseiller. Ce dernier accompagne au quotidien les agriculteurs dans leur projet d'exploitation, les soutenant ainsi dans une approche de performance économique et environnementale, en fonction de leur projet. Méconnu il y a peu, voire même délaissé, le secteur coopératif agricole a aujourd'hui le vent en poupe. Les résultats du sondage évoqué en introduction de ce chapitre le prouvent et les témoignages reçus vont en ce sens. « J'aime mon métier car je suis entouré de gens passionnés, j'éprouve le sentiment de faire quelque chose de bien pour la planète, c'est très valorisant » raconte le conseiller d'une cave coopérative. « J'ai la chance d'exercer un métier qui me passionne car il exige une large palette de compétences, de la finance d'entreprise au management de projets. Le secteur de l'agriculture est par ailleurs porteur de sens : œuvrer dans le domaine du vivant nous rend plus sensibles au cycle de la vie et les aléas liés à notre domaine d'activité rendent les succès d'autant plus beaux », témoigne un chef de projets. « Ce qui me plaît, c'est l'absence de routine et l'évolution technique ! Les valeurs humaines et la cohésion d'équipe sont au cœur de tous nos projets » évoque un technicien de maintenance. « Nous attirons des cadres et des hauts dirigeants qui ne se reconnaissent plus dans les gros groupes industriels privés et souhaitent donner plus de sens à leur carrière, intégrer une entreprise humaine et en lien permanent avec la réalité du terrain » assure le dirigeant de l'un des plus importants groupes coopératifs français.

S'adapter aux attentes des salariés nécessite également d'être capable d'assurer leur progression et leur avenir au sein de l'entreprise. La formation initiale ne suffit pas. Les coopératives agricoles se projettent d'autant plus dans l'avenir qu'elles sont de plus en plus soucieuses de former en continu aussi bien leurs élus dirigeants que leurs salariés. La coopérative semencière Limagrain a ainsi développé plusieurs parcours d'intégration pour permettre aux nouvelles recrues de s'approprier la culture de l'entreprise. Elle leur offre dès leur arrivée la possibilité de rencontrer des membres du comité de direction et des agriculteurs coopérateurs sur leur exploitation pour comprendre la réalité du terrain. Elles assistent à des conférences sur la structure organisationnelle, ses valeurs et sa gouvernance. La coopérative a également créé la « Limagrain Academy » pour proposer à ses salariés et ses associés coopérateurs des parcours de développement, des formations ciblées et des sessions de *e-learning*. Le but est de leur permettre d'évoluer au sein du groupe mais aussi de renforcer leurs compétences. Ainsi, la formation Aristée proposée par La Coopération Agricole Solutions + en partenariat avec l'ESSEC Business School et DIRCA vise à développer la capacité managériale et la vision stratégique des cadres. Outre la formation des salariés, les coopératives agricoles ont également compris qu'une bonne gouvernance impose une formation permanente de leurs élus aux enjeux de gestion et de stratégie, car l'on ne dirige pas une coopérative comme on dirige une exploitation agricole. Les administrateurs doivent pouvoir prendre part aux décisions stratégiques de manière éclairée afin de saisir les opportunités pour leur structure. Le rapport de la mission parlementaire sur le secteur coopératif dans le domaine agricole présenté en 2022 met cependant en avant un réel déficit de formation des administrateurs des coopératives, alors que celle-ci apparaît comme essentielle dans les grandes comme dans les petites structures, et encourage le secteur à prendre les mesures adéquates en ce sens. Pour répondre à cet enjeu, La Coopération Agricole Solutions + a développé, également en partenariat avec l'ESSEC Business School, un programme dédié aux élus : la formation Sénèque.

Du champ à l'assiette, les coopératives agricoles offrent 1001 métiers et des perspectives de plus en plus nombreuses. Elles sont au cœur des défis à relever pour construire le monde de demain. Elles s'ancrent dans des valeurs fortes d'humanité et de solidarité. En proposant des parcours au service d'un équilibre global économique, écologique et social, elles donnent du sens à la vie professionnelle de leurs salariés.

LES COOPÉRATIVES AGRICOLES FACE AUX DÉFIS DE DEMAIN

« Les coopératives agricoles ne sont pas innovantes. »

Le progrès ne vaut que s'il est partagé par tous.

Aristote

« Douce France, cher pays de mon enfance » chantait Charles Trenet. Il est bon d'imaginer les champs en fleurs, le paysan sur son tracteur, la laitière qui vend ses fromages sur le marché ou encore le chevreau qui tête goulûment le lait de sa mère dans une belle prairie. Qu'il est difficile de ne pas se laisser porter par cette image surannée lorsque l'on parle d'agriculture, bien loin de l'innovation que l'on relie naturellement au numérique, à l'intelligence artificielle et aux industries de pointe.

Et pourtant ! Avec près de 10 % de la dépense publique en recherche et développement (R&D) consacrés à l'agriculture et à l'agroalimentaire, la France est l'un des pays d'Europe qui investit le plus dans ce secteur. En 2015, le ministère de l'Agriculture lançait le plan « Agriculture-Innovation 2025 » afin d'orienter les projets de recherche et d'innovation dédiés aux grands enjeux de l'agriculture de demain. En 2021, Emmanuel Macron a présenté le plan « France 2030 » qui prévoit de débloquer 3 milliards d'euros pour le secteur agricole et agroalimentaire dans les années à venir. Destinés à favoriser la souveraineté alimentaire française par le biais de l'innovation, ces investissements massifs permettraient d'ouvrir la voie à une troisième révolution agricole (numérique, robotique et génétique) dans laquelle la France serait pionnière dans le monde. C'est dire qu'innovation et agriculture sont fortement liées. Les coopératives agricoles sont-elles d'ores et déjà impliquées dans ces enjeux ? Quelles sont leurs actions concrètes en matière d'innovation ? Allons voir sur le terrain.

En préambule, rappelons qu'une coopérative agricole est un modèle d'entreprise dans lequel des agriculteurs mutualisent leurs moyens de production, de transformation et de commercialisation. Cette mise en commun des outils et de tant d'autres ressources favorise une modernité étonnante, étroitement en phase avec les enjeux actuels. En outre, les coopératives s'ancrent dans le temps long avec pour mission de préserver la terre qui est leur outil de travail, et de nourrir une population grandissante, tout en faisant face à des défis colossaux en matière environnementale et sociétale. Il est donc évident que si les coopératives agricoles ne s'étaient pas adaptées au fil du temps et des changements mondiaux, elles auraient disparu. L'évolution des pratiques agricoles, de la consommation, de l'alimentation ou encore du climat est au cœur de leur modernité et de leur résilience. Intervenant d'un bout à l'autre de la chaîne alimentaire, elles sont les mieux placées pour être vecteurs de progrès et d'innovation.

À tous les maillons de la chaîne alimentaire (production, transformation et commercialisation), les coopératives innovent.

Dans la production d'abord.

En amont, dans les exploitations agricoles, nous sommes bien loin d'imaginer les outils mis en place. La révolution vers une agriculture connectée et numérique est en route. L'exemple le plus parlant est celui des stations météo connectées permettant de disposer de données essentielles afin de prévoir les risques de maladies des plantes, des fruits, des légumes et de la vigne en particulier. L'agriculteur reçoit en temps réel directement sur son smartphone des informations lui permettant notamment de planifier un traitement spécifique en cas de danger, ou l'incitant au contraire à supprimer un engrais qui faisait auparavant partie de ses habitudes de culture. Ce type d'outil appelé OAD (outil d'aide à la décision) permet une meilleure gestion de son activité, tout en minimisant les coûts économiques et environnementaux.

Dans cette révolution, en véritables outils de mutualisation des moyens et des Hommes, les coopératives agricoles jouent le rôle de « laboratoires à ciel ouvert », en unissant leurs forces à celles d'autres coopératives ou d'autres acteurs du secteur pour innover. Grâce à la mise en commun de terrains, des solutions peuvent être expérimentées sur des surfaces tests avant d'être déployées à grande échelle. Le groupe Vivadour, au cœur du Gers, a ainsi mis en place depuis 1998 une ferme expérimentale pour tester, innover et accompagner de nouvelles sources de progrès, de diversification et de revenus à destination de ses associés coopérateurs. Un pari réussi grâce à son programme « Eaux vives » dont plusieurs projets de lacs collinaires (réserves d'eau appartenant à des fermes) ont été validés par les autorités locales dans l'objectif d'optimiser les pratiques d'irrigations, tout en préservant le rendement des cultures. D'autres innovations sont à l'œuvre : goutte-à-goutte solaire pour l'irrigation du maïs et de la vigne, usage d'un drone pour mesurer le volume d'eau d'un lac notamment. Depuis sa création, près de 80 % des agriculteurs de la coopérative ont déjà utilisé ces services. On le voit, les programmes de recherche déployés sont multiples pour couvrir au mieux toutes les problématiques liées aux activités des associés coopérateurs. Cela va de la méthanisation à la gestion de l'eau, en passant par les énergies renouvelables comme le solaire ou l'éolien. La robotisation est également de plus en plus présente dans les champs, pour pallier le manque de main d'œuvre et soulager l'agriculteur des tâches de plus en plus diverses qu'il doit réaliser sur son exploitation. Outre les robots, des satellites et des drones de pointe sont employés par les coopératives agricoles. Le groupe Océalia utilise ainsi, depuis une dizaine d'années maintenant, des images de satellites installés à 800 km d'altitude qui prennent des photos de la terre, complétées si besoin, par d'autres images prises à plus basse altitude par avion ou par drone, afin de piloter au plus près la fertilisation azotée des champs de colza et de céréales. Meilleur rendement, valorisation accrue de la récolte, réduction des lessivages d'azote dans le sol… les bénéfices sont réels pour les agriculteurs coopérateurs. Un autre sujet est également porteur d'innovation et au cœur des différentes révolutions technologiques dans le monde agricole, et notamment dans la filière élevage : la génétique. Les coopératives XR Repro et CECNA ont créé en 2012 Elexinn, une start-up dédiée au développement d'outils qui facilitent la gestion de la reproduction dans les élevages. Ce nouveau concept d'insémination bovine a vu le jour grâce à la création d'un pistolet totalement adapté à l'anatomie de la femelle. Un dispositif révolutionnaire qui ouvre la voie au transfert embryonnaire 2.0.

Agriculteurs, chercheurs, chambres d'agriculture, universités, laboratoires, constructeurs d'équipements agricoles et start-ups, travaillent ainsi ensemble pour construire l'agriculture connectée de demain. Partie prenante dans cette réflexion, l'union de coopératives agricoles InVivo a créé en 2018 la « Digital Factory » avec pour mission de capitaliser sur les opportunités offertes par le numérique pour accompagner et accélérer la transformation du monde agricole et faire ainsi émerger la coopérative 4.0. Dans cette perspective, elle a mis en place le site aladin.farm. Créée avec neuf coopératives pilotes (Agora, EMC2, Oxyane, Maïsadour, NatUp, Noriap, Océalia, Unéal et Val de Gascogne) en mars 2020, cette plateforme référence désormais plus de 200 marques fournisseurs et près de 9 000 produits. Elle permet aux agriculteurs et aux conseillers techniques de commander en ligne les produits et les services dont ils ont besoin, tels que des semences, du matériel, des engrais, des logiciels, etc. Rationalisation des process, disponibilité 24h/24, parcours client simple et intuitif… cette alternative au e-commerce est un immense atout pour les coopératives, leurs associés et leurs salariés.

Les exemples ne manquent pas. L'innovation et l'expertise sont au cœur des activités menées par les coopératives agricoles. Mais pour qu'une innovation fasse sens, il faudra qu'elle réponde pleinement aux attentes des associés coopérateurs, c'est-à-dire qu'elle présente un gain en matière d'organisation, sur le plan économique et environnemental ou encore sur la qualité de vie au travail. Au-delà de sa diffusion, c'est donc son appropriation par les acteurs de terrain, et tout particulièrement par les agriculteurs, qui conditionnera l'ampleur de son impact. C'est là que le modèle coopératif déploie véritablement sa force. Grâce à l'intervention régulière des conseillers techniques – ces salariés de la coopérative – sur les exploitations, les innovations peuvent se déployer concrètement. Les techniciens sont des acteurs privilégiés pour identifier les besoins des agriculteurs, détecter les pratiques innovantes qui font leurs preuves et méritent d'être diffusées largement. Hommes de conseils et de terrain, ils sont de véritables relais entre la coopérative, ses associés et le marché. Ils ne se contentent pas de diffuser la parole de l'avenir, ils participent à l'appropriation des innovations par les agriculteurs.

Si l'innovation ne fait plus débat sur le volet agricole, qu'en est-il à l'étape de la transformation ?

Intéressons-nous au cas du groupe coopératif Prospérité Fermière Ingredia dont l'activité principale consiste à transformer le lait. Concrètement, grâce à des outils de séparation, la coopérative va sérier le lait, c'est-à-dire qu'elle va en extraire plus de 2 000 composants, pour en apporter toute la richesse et les vertus à d'autres produits, qu'ils soient alimentaires (fromage, chocolat, glaces, etc.) ou sous forme de compléments alimentaires (gélules, poudre protéinée pour les sportifs, etc.). Parmi ces composants, les hydrolysats sont des protéines de lait optimisées afin de répondre à des besoins spécifiques en nutrition infantile (améliorer la digestion du lait par les bébés et diminuer la régurgitation), en nutrition clinique (stimuler la synthèse musculaire chez des sujets sensibles comme les personnes âgées) ou encore en nutrition sportive (développer la masse musculaire). Qui aurait pu imaginer pareilles transformations dans l'industrie laitière ? Au total, Prospérité Fermière Ingredia consacre 10 % de ses effectifs à la recherche, ce qui est bien loin d'être négligeable pour une entreprise de taille intermédiaire. Chaque jour, les équipes recherche de La Prospérité Fermière Ingredia accompagnées des LabCom universitaires se consacrent à l'innovation pour valoriser une gamme d'ingrédients laitiers inédits qui a donné lieu à plusieurs brevets.

Vis-à-vis des consommateurs aussi, les coopératives innovent. Elles répondent en particulier aux attentes des Français en matière de traçabilité et de transparence notamment par l'usage de la blockchain. Cette technologie innovante consiste à tracer toutes les informations relatives à un produit, étape par étape, tout au long de sa vie. Le groupe Terres du Sud a ainsi créé la première traçabilité complète de l'amont à l'aval pour les produits issus de sa marque « Delmond L'Originel ». Par un simple scan avec un smartphone du QR Code placé sur l'étiquette du produit, le consommateur peut découvrir l'ensemble du parcours de ce produit, de la ferme jusqu'au magasin. Ce faisant, la coopérative offre au consommateur la preuve de ses engagements en matière de nutrition animale, d'origine et de qualité afin qu'il puisse effectuer son achat en connaissance de cause, par exemple son magret de canard du Périgord « Delmond L'Originel » garanti sans OGM. Grâce à la blockchain, les données sont sécurisées et ne peuvent pas être modifiées après leur collecte, ce qui est un facteur de réassurance pour les consommateurs.

Les coopératives innovent aussi sur leurs produits pour répondre aux évolutions de la consommation et aux préoccupations de santé des consommateurs. En parallèle du déploiement du Nutri-Score sur ses produits, l'entreprise Jacquet Brossard du groupe Limagrain a ainsi mis en place d'importants travaux de recherche et développement pour améliorer le profil nutritionnel de ses produits, avec un focus particulier sur la teneur en sucre.

L'enjeu de la réduction des emballages, et notamment des emballages plastiques, est également pris en compte par les coopératives. La coopérative KSO marque au laser ses kiwis issus de l'agriculture biologique pour éviter l'apposition d'étiquettes. Cela permet d'éviter les questions sur la potentielle toxicité de la colle ou sur le recyclage des étiquettes. De son côté, la marque Florette du groupe coopératif Agrial commercialise les produits de sa gamme Agrilogique issue d'une agriculture raisonnée dans des emballages en papier recyclable. Constitué majoritairement de papier et validé par les organismes en charge des filières de recyclage en France, le sachet se prête au tri et au recyclage. L'épaisseur du film plastique qui permet de protéger le produit a été réduite de près de 40 %, ce qui est loin d'être négligeable.

L'image d'Épinal que nous évoquions en introduction est donc très éloignée de la réalité de l'agriculture française. Vecteurs d'innovation, les coopératives agricoles ne sont nullement déconnectées des progrès, bien au contraire. Elles en sont les acteurs de part et d'autre de la chaîne alimentaire. Confrontées à des défis colossaux, les coopératives sont au cœur des solutions pour y répondre. Elles le savent : leur avenir se joue dans leur capacité à convertir l'avancée des connaissances sur le terrain. Les coopératives agricoles ne perdurent que parce qu'elles sont innovantes.

« Transition écologique et décarbonation : les coopératives agricoles ne font rien. »

Les problèmes du monde ne peuvent être résolus par des sceptiques ou des cyniques (…). Nous avons besoin d'hommes capables d'imaginer ce qui n'a jamais existé.

John Fitzgerald Kennedy

Véritable menace pour la planète et la survie des espèces, le réchauffement climatique est une préoccupation de tous les instants. Nous le savons : ses effets ne seront limités que par des réductions fortes et soutenues des émissions de dioxyde de carbone (CO_2) et d'autres gaz à effet de serre. C'est pourquoi les transitions écologiques sont au cœur des politiques publiques et privées dans de très nombreux pays. Occupant près des deux tiers du territoire national, les agriculteurs ont une responsabilité majeure quant à la gestion et la préservation des ressources naturelles et du patrimoine vivant qui constituent leur outil de travail.

L'« agribashing » qui s'est répandu depuis quelques années sur la scène publique alimente l'idée selon laquelle l'agriculture d'aujourd'hui nuirait à la préservation de la planète. Au nom de la santé et de l'environnement, cet écologisme radical s'en prend aux méthodes de production et prône la décroissance, autant que le retour à une agriculture paysanne vivrière d'un autre temps.

Fort heureusement, l'écologie ne se limite pas à ce courant contestataire minoritaire. L'urgence climatique est réelle, nous en partageons tous aujourd'hui le constat et la nécessité de conduire ensemble les transitions s'impose. Quelques chiffres permettent de prendre la mesure de l'action des coopératives agricoles en faveur des transitions écologiques : 750 coopératives ont déjà fait le choix de l'agriculture biologique ; 100 % des coopératives viticoles seront engagées d'ici 2025 dans la certification Haute valeur environnementale (HVE) ou en agriculture biologique ; 100 % des coopératives d'agrofournitures sont impliquées volontairement dans la collecte des emballages et des plastiques commercialisés auprès des agriculteurs ; plus de 350 coopératives ont effectué un diagnostic de leur démarche RSE. Acteurs majeurs du secteur agricole et agroalimentaire, les coopératives contribuent fortement à la transition environnementale et n'ont de cesse d'innover en matière d'agroécologie, d'économie circulaire et de décarbonation. Quelles sont leurs actions concrètes et comment apportent-elles des solutions aux enjeux des différentes transitions écologiques ?

Les coopératives agricoles se sont données en la matière des objectifs ambitieux et se sont dotées de feuilles de route précises. Elles affichent leurs bonnes pratiques en développant des labels, des marques, des chartes ou encore des certifications. En témoigne le label AgriConfiance qui réunit des coopératives de 7 filières agricoles et distingue des marques bien connues telles que Paysan Breton, Candia ou Ovive. Il s'assure de la qualité des produits mis sur le marché : origine France garantie, traçabilité et qualité certifiées, amélioration continue et transparence des pratiques (qualité de l'eau, biodiversité, fertilisation et réduction des produits phytosanitaires, bien-être animal). En plus de contribuer à une agriculture plus vertueuse, cela permet de renforcer la confiance entre producteurs et consommateurs, et répond concrètement aux exigences de ces derniers quant à l'origine des produits qu'ils mangent.

Ces initiatives ne sont pas l'apanage des grandes coopératives. Elles fédèrent l'ensemble des acteurs du secteur car le sujet est bien l'affaire de tous. Les partenariats en faveur d'une agriculture durable se multiplient entre coopératives, industriels privés et collectivités locales. Ainsi, les associés coopérateurs de la Laiterie Verneuil Touraine-Berry, coopérative laitière qui regroupe une centaine d'exploitations, ont fondé en 2015 l'association « Lait de Touraine » en collaboration avec la Chambre d'agriculture d'Indre-et-Loire. Celle-ci s'engage à produire un lait régional de haute qualité, dans le respect des animaux et du terroir. En plus d'être contenu dans une brique en carton certifié FSC® recyclable, ce lait « Premium » témoigne de l'engagement fort des éleveurs en faveur de l'amélioration constante des pratiques d'élevage. Leurs critères sont exigeants : aucun OGM (organisme génétiquement modifié) dans l'alimentation des vaches, troupeaux pâturant au moins 5 mois par an, suivi régulier d'indicateurs de bien-être animal, entretien de 30 ares de surface d'herbe par vache, bêtes nourries avec une ration issue à plus de 90 % de l'exploitation ou de la région, etc. Ces critères, dont le respect est contrôlé par la Chambre d'agriculture d'Indre-et-Loire, sont apposés sur la brique, afin de montrer aux consommateurs que le lait qu'ils achètent provient d'agriculteurs responsables en matière environnementale. En avril 2022, le producteur d'énergie solaire TSE a signé un partenariat avec Alliance BFC, union de trois groupes coopératifs (Bourgogne du Sud, Dijon Céréales et Terre Comtoise) qui rassemble 12 000 agriculteurs. L'objectif pour ces deux acteurs est de codévelopper des projets agrivoltaïques dans la région et de participer aux essais réalisés sur deux sites pilotes. Outre un programme de recherche mené pendant neuf ans en commun par les équipes des deux partenaires, il s'agit de mettre en place sur les exploitations des associés coopérateurs de l'Alliance BFC issus de différentes filières (viticulture, cultures et élevages) un système d'ombrière agrivoltaïque équipé de panneaux solaires rotatifs installés au-dessus des terrains agricoles. De nombreuses coopératives sont également impliquées dans la production d'énergie à partir de la méthanisation. « Producteurs de céréales et de lait mais aussi désormais d'énergie verte », c'est ainsi que se définissent dorénavant des agriculteurs des Hauts-de-France. Accompagnés par leur coopérative Unéal, ils se sont équipés d'unités de micro-méthanisation qui produisent de l'électricité, désodorisent les effluents d'élevage et leur apportent un complément de revenu. Les 13 micro-méthaniseurs installés sur le territoire d'Unéal fournissent l'équivalent de la consommation électrique de 1 000 foyers.

Si les coopératives agricoles participent activement aux transitions écologiques dans le but de fournir une alimentation écologiquement durable, elles sont aussi très engagées sur le terrain de la décarbonation et de la réduction des émissions de gaz à effet de serre. La filière de la luzerne déshydratée, légumineuse fourragère consommée par un très grand nombre d'espèces animales, est un modèle en la matière. Totalement investie depuis le début des années 2000 dans sa transition énergétique, elle a opéré progressivement une évolution de ses procédés en jouant sur deux puissants piliers. D'abord, en généralisant le séchage à plat de la luzerne fraîchement coupée dans les champs, une technique qui a permis à elle seule d'économiser en moyenne 20 % d'énergie. Puis, en adoptant la biomasse en remplacement des énergies fossiles traditionnelles qui alimentaient les usines de séchage. En près de 15 ans, la quantité de carbone fossile utilisée pour déshydrater une tonne de luzerne a baissé de 70 % et la filière affiche aujourd'hui un bilan carbone excédentaire de 1,15 million de tonnes de CO_2. Les progrès sont tels que la filière de la luzerne est en avance sur la feuille de route qu'elle s'était fixée. Elle envisage à présent la décarbonation totale des procédés de déshydratation dans l'ensemble du secteur avec un objectif de diminution d'émissions de CO_2 à la tonne produite de 91 % en 2025.

On le voit à travers ces exemples, il n'existe pas de réponse unique à un sujet d'une telle ampleur qui présente autant de défis à relever : décarbonation des processus de production et de transformation, réduction des intrants, recours à des alternatives au plastique, gestion des ressources en eau, etc. En France, la diversité des climats et des productions oblige chaque filière à se réinventer et à innover selon ses propres spécificités, afin de mettre en place les solutions qui lui permettront de faire face à ces enjeux. Une chose est sûre : il faut voir par-delà la multiplicité des actions la force d'un modèle dans son ensemble. La coopérative est un outil hors norme, souvent qualifié de « laboratoire à ciel ouvert ». C'est un lieu où fourmillent les idées, qui permet l'expérimentation d'une solution auprès d'un petit nombre avant un éventuel déploiement à plus grande échelle. Il existe au sein du modèle coopératif une réelle dynamique dans laquelle les parties prenantes du secteur (agriculteurs, conseillers des coopératives, chercheurs, partenaires privés…) se rencontrent, échangent et mutualisent leurs compétences et leurs moyens pour bâtir un projet commun et rendre plus forte une production, voire même toute une filière. Rappelons encore une fois que 3 agriculteurs sur 4 font partie d'une des 2 200 coopératives présentes sur le territoire français. Les coopératives agricoles disposent donc d'une réelle force de frappe pour construire l'agriculture de demain à l'échelle nationale et réussir les transitions écologiques. C'est d'autant plus vrai que leur mission est bien d'accompagner leurs exploitants dans l'évolution vertueuse de leurs pratiques.

Lorsque l'on parle d'agriculture et de transitions, une exigence essentielle est à prendre en compte : la nécessité de préserver l'équilibre entre responsabilité et compétitivité, ce qui requiert de l'intelligence et du temps. « Rome ne s'est pas faite en un jour » dit le proverbe. Accélérer les transitions écologiques de nos modèles de production et de transformation réclame du temps et des investissements gigantesques. Les objectifs sont connus : moins de carbone, moins d'intrants et moins de plastique, de l'amont à l'aval, sur tous les maillons de la chaîne alimentaire. Pour cela, il faut passer de la recherche à l'expérimentation, trouver des solutions alternatives et les déployer à grande échelle, tout en maintenant un équilibre économique nécessaire à la survie des coopératives. Préserver la compétitivité des exploitations et des entreprises et augmenter massivement les investissements dédiés aux transitions sont les clés pour réussir la conversion écologique de notre modèle alimentaire. L'ambition de contribuer à atteindre la neutralité carbone à l'horizon 2035 dans le cadre de l'économie ZEN (Zéro émission nette) portée par La Coopération Agricole en témoigne. Elle répond à l'impérieuse nécessité pour les coopératives agricoles françaises de prendre leur part de responsabilité dans la lutte contre le changement climatique, tout en maintenant une chaîne alimentaire forte, résiliente et pérenne. Pour mener à bien cette mission, les coopératives auront besoin de temps et de pragmatisme afin de mettre en place des solutions alternatives techniquement et économiquement viables. Prenons un exemple concret.

En 2018, l'interdiction totale des néonicotinoïdes dans le traitement des betteraves sucrières a provoqué une gigantesque chute des récoltes et a mis en danger la filière tout entière. Faute d'avoir le temps de se transformer, les agriculteurs du secteur se sont retrouvés brutalement exposés à un risque majeur de voir disparaître leur exploitation et leur filière. Face à ce danger, le gouvernement a pris conscience de la nécessité de se donner le temps de réussir. Il a donc autorisé de nouveau l'emploi de semences de betteraves sucrières traitées avec des néonicotinoïdes, tout en mettant en place un plan de soutien financier pour permettre aux acteurs du secteur de développer des solutions alternatives durables et viables économiquement d'ici 2023. Cet exemple montre bien qu'il est impensable de vouloir changer de modèle agricole du jour au lendemain en interdisant tel ou tel produit, sans s'assurer au préalable qu'une alternative efficace existe. Le temps, le bon sens, le pragmatisme et la nécessité de ne pas laisser les agriculteurs dans des situations d'impasses techniques ou de distorsions de concurrence au risque de menacer la pérennité des filières, sont autant de paramètres à prendre en compte dans la mise en œuvre des transitions.

L'avenir du modèle coopératif et celui de l'agriculture tout entière nécessite des mutations profondes. Or, les transitions écologiques sont au cœur du projet des coopératives agricoles. Mais la réussite de leur mise en œuvre nécessite du temps, l'engagement de moyens colossaux en recherche et innovation et un accompagnement solide de la production à la transformation. Le développement d'une agriculture et d'une alimentation responsables et durables en dépend.

« Nourrir les Hommes : les coopératives agricoles, chefs de file de notre souveraineté alimentaire ? »

Chacun de nous a appris les gloires de l'indépendance.
Que chacun de nous apprenne les gloires de l'interdépendance.

Franklin Delano Roosevelt

Revenu sur le devant de la scène à l'aune de la pandémie de Covid et de la guerre en Ukraine mais également des bouleversements climatiques qui se sont succédé ces dernières années, le sujet de la souveraineté alimentaire est une question d'actualité brûlante. À l'heure où le monde s'est refermé sur lui-même, nous avons pris conscience de notre dépendance, de la nécessité de nous nourrir par nous-mêmes et de préserver notre patrimoine agricole et agroalimentaire. Les crises ont révélé les fragilités de notre chaîne d'approvisionnement et l'érosion de la souveraineté alimentaire de la France comme de l'Europe.

C'est un fait : notre autosuffisance est en déclin. La France n'est plus la puissance agricole et alimentaire d'antan, le « grenier de l'Europe » qu'elle fut pendant des décennies. Nous avons perdu depuis une vingtaine d'années notre place de premier exportateur européen et nos importations ont augmenté. Ainsi, par exemple, nous importons 50 % des fruits et légumes ou encore 50 % des poulets que nous consommons. Les raisons ? La perte de compétitivité de notre économie, mais aussi les constantes évolutions des modes de consommation dans un monde de plus en plus global… parmi bien d'autres facteurs. Nous sommes même devenus un pays importateur de produits agroalimentaires transformés, à plus forte valeur ajoutée. Beaucoup s'interrogent : comment préserver la production agricole et l'industrie agroalimentaire française ? Comment faire face au défi de la souveraineté alimentaire ?

Les coopératives agricoles se révèlent de puissants piliers des filières agroalimentaires en France. En effet, elles font le lien, d'un bout à l'autre de la chaîne alimentaire, entre les exploitations et les consommateurs. Elles œuvrent à préserver, développer et diversifier une agriculture et une alimentation françaises, traçables, de qualité et accessibles à tous, répondant à toutes les attentes et modes de consommation. Les coopératives agricoles sont donc bien à ce titre l'un des principaux acteurs et l'une des réponses au défi de la souveraineté alimentaire. Elles l'ont montré pendant la crise de la Covid, par leur capacité à réagir rapidement afin d'orienter la production dans les exploitations pour s'adapter aux demandes des différents marchés et des consommateurs, et même à dépasser leurs fonctions nourricières pour répondre à des urgences sanitaires, comme la production de gel hydroalcoolique par les coopératives sucrières.

Ne nous méprenons pas pour autant. La reconquête de la souveraineté alimentaire de la France ne doit pas s'envisager comme un repli sur soi, une autarcie ou une indépendance totale. Elle doit s'entendre comme notre capacité à garder la maîtrise des flux dans notre chaîne d'approvisionnement afin de pouvoir nourrir toutes les populations. Cela ne signifie en aucun cas qu'il faudrait tout produire en France et arrêter toute exportation ou importation. Cela n'aurait aucun sens et n'est pas possible ! La France doit conserver sa place dans l'économie mondiale. Elle doit continuer à exporter ses produits pour l'équilibre de sa balance commerciale et pour faire rayonner son savoir-faire et sa culture gastronomique dans le monde entier. Certains parleraient de fierté ; d'autres de *soft power*. Cela fait indéniablement partie de la puissance commerciale et symbolique de la France, et donc de sa souveraineté. Or l'indépendance n'exclut pas l'interdépendance.

Construire le monde de demain nécessite de prendre en compte aujourd'hui des enjeux globaux : économiques, environnementaux, sociaux et sociétaux. Des choix stratégiques s'imposent pour résoudre une équation complexe : comment concilier compétitivité et transition ? Pour cela, il faut produire plus, produire mieux, produire durable. Il s'agit en effet de retrouver notre puissance productive et notre compétitivité agricole sur tous les marchés, d'accélérer les transitions écologiques de nos modèles de production et de transformation et de s'assurer de l'adhésion des consommateurs comme des citoyens à la réindustrialisation agroalimentaire de la France. Face à l'accroissement démographique mondial, et donc à la nécessité de nourrir des populations et des consommateurs toujours plus nombreux et exigeants, la décroissance prônée par certains n'est qu'une illusion. Il est impératif de produire plus pour reconquérir les marchés que nous avons perdus sur certaines denrées agricoles et agroalimentaires dès lors que celles-ci pourraient être produites sur notre territoire au lieu d'être importées. Accentuer notre rythme de production doit également se faire en tenant compte des impératifs environnementaux qui nous préoccupent tous. Il s'agit de produire mieux. La décarbonation des processus de production, de transformation et des flux logistiques, la réduction de l'utilisation des intrants chimiques ou encore le recours à des alternatives au plastique sont autant de défis à relever pour le monde agricole et agroalimentaire. Enfin, il faut produire durable pour pérenniser l'activité sur nos territoires, maintenir les emplois et sécuriser le revenu des agriculteurs. Ainsi, la souveraineté alimentaire ne doit pas entraver la compétitivité ni freiner la mise en œuvre des transitions agroécologiques qui sont les garantes de notre attractivité. Bien au contraire, tout ceci doit avancer de conserve. Quels sont les leviers d'actions pour que l'agriculture française puisse retrouver des bases économiques saines et soit en mesure de résoudre cette équation complexe ?

Tout d'abord, encore une fois, notre défi est celui de la compétitivité. Celle-ci souffre de normes plus exigeantes en France qu'en Europe ou ailleurs dans le monde, ce qui a pour effet de délocaliser la création de valeur. Des usines s'installent ainsi dans des pays frontaliers, telles que les usines de transformation de pommes de terre en Belgique par exemple. De la même manière, nous importons des denrées qui pourraient être produites chez nous : tomates bio d'Espagne, poulets de Pologne, protéines végétales du Brésil, etc. Les distorsions de concurrence entre les États membres de l'Union européenne menacent également l'esprit communautaire qui doit régner. Or, il est indispensable que la France puisse jouer « à armes égales » avec ses partenaires européens pour ne pas être pénalisée. Cela passe par une harmonisation de la réglementation européenne. C'est l'intérêt de la France mais aussi de tous les pays européens pour mieux peser collectivement sur le marché mondial. La logique doit être similaire à l'égard des pays hors de l'Union européenne, avec l'instauration d'un principe d'équivalence des normes sociales, sanitaires, environnementales et de bien-être animal.

Le second levier est bien sûr l'investissement. Pour favoriser la biodiversité et atteindre les objectifs bas-carbone, ceux de la stratégie de la ferme à la fourchette (« *Farm to Fork* ») comme le souhaite l'Union européenne ou encore l'ambition ZEN (Zéro émission nette) en 2035 portée par La Coopération Agricole, nous avons besoin de moyens financiers privés et publics. L'État doit investir massivement dans l'innovation et la recherche, favoriser les partenariats entre les entreprises privées et publiques pour que la conversion écologique de nos outils de production et l'accélération des transitions agroécologiques puissent se réaliser.

Un autre levier, et non des moindres, est celui de l'acceptabilité sociétale de cette nécessité de produire davantage et de transformer notre alimentation. Si l'on veut pouvoir davantage consommer et manger français, il faut que nous puissions produire et transformer sur le sol français. Il existe à cet égard un paradoxe dans notre société, pour ne pas dire une certaine « schizophrénie ». Les Français veulent consommer des produits locaux, bons, sains, et à prix raisonnables, mais s'opposent souvent à la construction d'ateliers agricoles et de sites industriels pour les produire. Il faut accepter d'avoir les outils de notre production agricole sur nos territoires, mais également les outils de transformation de cette production, donc des usines et des sites industriels, sur le sol français. Acceptons, également, soit de ne pas consommer de fraises en hiver, soit de les acheter à un prix plus élevé, en admettant qu'elles pousseront sous serre, les mois où elles ne peuvent être cultivées en extérieur. L'enjeu derrière reste la rémunération au juste prix de nos agriculteurs et la pérennité des entreprises agroalimentaires dont ils sont les artisans.

À cet égard, n'oublions pas ceux qui nous nourrissent : les exploitants agricoles. Alors que la population mondiale ne cesse de croître, les agriculteurs sont de moins en moins nombreux. D'ici cinq ans, la moitié des agriculteurs français pourront prétendre à la retraite. Faute de repreneurs, c'est tout le secteur agricole qui se voit menacé. De même, le manque de ressources dans les usines et, globalement d'attractivité des métiers du secteur alimentaire, sont aujourd'hui un véritable enjeu pour relever le défi de la production : sans bras, sans nouvelles forces productives ni renouvellement des générations sur l'ensemble de la chaîne, des exploitations agricoles en passant par les maillons industriels et commerciaux, le défi de la souveraineté alimentaire de la France ne pourra être mené à bien.

La recherche d'indépendance ne doit également pas nous condamner à choisir les bouches à nourrir. L'une des missions des coopératives agricoles est précisément de répondre aux demandes de TOUS les consommateurs, quels que soient leurs choix alimentaires et leurs moyens. Afin de remplir cette mission qui consiste à nourrir l'ensemble des Français, il importe de produire durable, autrement dit de renforcer les liens de solidarité entre les différents maillons de la chaîne alimentaire et les consommateurs. Lutter contre l'insécurité alimentaire, notamment des populations les plus défavorisées, est un enjeu de société qui doit être pris à bras le corps par l'ensemble des acteurs du secteur. Favoriser les actions alimentaires locales et l'inclusion sociale sont les moyens pour offrir une alimentation en quantité, en qualité et en accessibilité à l'ensemble des consommateurs, français, mais aussi européens et au-delà. Encore une fois, la souveraineté alimentaire ne veut pas dire le repli sur soi. La France joue un rôle clé dans le monde alimentaire et dans l'alimentation de certaines populations du bassin méditerranéen, notamment en matière de céréales. La guerre ukrainienne et le blocage des flux en provenance de la mer Noire créent de vrais risques de famines dans certains territoires, en particulier sur le versant sud du bassin méditerranéen où la base de l'alimentation est le blé. Nous jouons un rôle majeur, en matière d'équilibre géopolitique, dans l'alimentation de ces populations. La France qui est un exportateur historique de céréales doit pouvoir le rester et même renforcer ce rôle clé. Nous courrons de grands risques si nous ne sommes pas en capacité d'agir par-delà nos frontières : des risques d'instabilité, de crises et de famines. Des risques dramatiques.

Tendre vers la souveraineté alimentaire n'est pas l'affaire d'un jour. Il faut du temps pour produire : le temps de la nature qui ne dépend pas de l'homme, contrairement au fait de construire une usine par exemple. C'est le temps de la vigne, le temps des saisons, le temps de la maturation d'un fruit... Il faut aussi le soutien et l'engagement de chacun, ce qui exige également de la patience. Pouvoirs publics, coopératives, enseignes de la grande distribution, citoyens... nous sommes tous responsables pour préserver une alimentation française. Plus que jamais, le « *made in France* » fait rêver. Et au-delà du rêve, nous voyons se dessiner progressivement un droit des peuples à disposer d'une alimentation de qualité. Les coopératives agricoles font ainsi le choix de produire plus, mieux et durable, pour passer du temps de l'intention au temps de l'action.

Conclusion

Dans un monde de plus en plus global et changeant, dans une société de plus en plus en recherche de sens, les valeurs du modèle coopératif résonnent fortement avec les préoccupations des consommateurs et des citoyens français. Pour autant, les coopératives doivent constamment faire face à des défis nouveaux et à un secteur agricole et alimentaire en pleine mutation. Ces défis sont internes et externes. Les coopératives agricoles doivent tout d'abord moderniser leur mode de gouvernance et mettre en place en leur sein des mesures pour resserrer les liens qui les unissent à leurs associés. Cela signifie en particulier favoriser le renouvellement, la représentativité et la féminisation de leurs instances de décision. Nous ne rappellerons jamais assez qu'une coopérative agricole est une entreprise d'hommes et de femmes et non de capitaux. Face à la baisse du nombre d'agriculteurs qui est une réalité, face aux emplois non pourvus dans les entreprises, le modèle coopératif doit aller au-devant de la jeune génération s'il veut perdurer. Mais les défis sont aussi externes. Pour restaurer notre souveraineté alimentaire et mener à bien les transitions écologiques, les coopératives assument aujourd'hui le choix de produire plus, produire mieux et produire durable. En outre, face à une population mondiale qui ne cesse de croître et aux risques de famines dues aux crises sanitaires, politiques et climatiques de plus en plus nombreuses, le modèle coopératif français doit, une nouvelle fois, montrer sa capacité hors norme à s'adapter pour continuer d'exister.

Les coopératives agricoles sont tenues de prouver leur efficacité à répondre aux grands enjeux actuels et à un avenir incertain. Elles ont un rôle à jouer pour se positionner en véritables chefs de file et être au cœur des débats. Mais elles ne pourront le faire seules. Elles ont besoin de tisser des liens solides et pérennes avec toutes leurs parties prenantes : les pouvoirs publics, au niveau européen, national et territorial, et l'ensemble des autres acteurs qui constituent la chaîne alimentaire.

Pour porter ses fruits, cette action collective doit être forte et cohérente. Elle nécessite l'adhésion des consommateurs et des citoyens français. Pour avoir une alimentation de qualité accessible à tous, chacun doit se responsabiliser et prendre conscience des conséquences que cela implique en matière d'industrialisation ou de prix. Il faut rémunérer à leur juste valeur ceux qui font, produisent et transforment notre alimentation, qui nous nourrissent et prennent ainsi soin de notre santé. L'État se doit d'être partenaire des coopératives agricoles pour lutter contre l'insécurité alimentaire et permettre l'accès à une alimentation saine et durable à tous les Français.

Les coopératives agricoles ont donc un rôle déterminant à jouer : elles doivent valoriser leur modèle aux yeux de tous et montrer que celui-ci est résolument moderne et tourné vers l'avenir. Il faut en finir avec l'entre-soi ! Elles doivent mieux se faire connaître et renforcer les liens avec l'extérieur afin d'émerger en acteur social et économique central à même de relever les défis du monde actuel. L'ouverture n'est pas un risque mais une source d'opportunités et de richesses. Les coopératives agricoles ont toutes les clés en main pour être reconnues comme ces bâtisseurs solidaires d'une alimentation durable et de territoires vivants.

ANNEXES

Pour aller plus loin

ACI, *Déclaration sur l'identité coopérative*, 2015 et *Notes d'orientation pour les principes coopératifs*, 2016.

L'administrateur en question, 4e éd., La Coopération Agricole, septembre 2020.

Les cahiers du développement coopératif n°04, « Gouvernance coopérative et développement agricole », La Coopération Agricole, février 2019.

Les cahiers du développement coopératif n°05, « Gouvernance coopérative, développement agricole et innovation », La Coopération Agricole, mars 2020.

BOURNIGAL Jean-Marc, HOULLIER François, LECOUVEY Philippe, PRINGUET Pierre, *30 projets pour une agriculture compétitive & respectueuse de l'environnement*, ministère de l'Agriculture, de l'Agroalimentaire et de la Forêt, octobre 2015.

CHATELLIER Vincent, « L'agriculture française à la croisée des chemins. Compétitivité sur les marchés – Performances économiques des exploitations – Future PAC, diversité des attentes et défi générationnel », audition dans le cadre d'une mission d'information de la Commission des affaires économiques sur le secteur coopératif, Assemblée nationale, décembre 2021.

CHOMEL Chantal, DECLERCK Francis, FILIPPI Maryline, FREY Olivier, MAUGET René, *Les coopéra-*

tives agricoles, Identité, gouvernance et stratégies, Édition Larcier, 2013.

Collections Théma, recueils d'exemples de bonnes pratiques dans les coopératives, La Coopération Agricole.

DI FILLIPPO Fabien et TRAVERT Stéphane, *Rapport d'information sur le secteur coopératif dans le domaine agricole*, Assemblée nationale, février 2022.

DRAPERI Jean-François, *Défis coopératifs*, L'Harmattan, 2009.

FILIPPI Maryline, FREY Olivier, « Le conseiller, une pièce maîtresse sur l'échiquier de la coopérative agricole », *Revue d'études en agriculture et environnement*, INRA Éditions, 2015.

FILIPPI Maryline, FREY Olivier, MAUGET René, « Les coopératives agricoles, la gouvernance coopérative face à l'internationalisation et à la mondialisation des marchés », *RECMA* 2008/4 (n° 310).

FILIPPI Maryline, « Rémunération en coopératives agricoles : les dessous du débat », *RECMA* 2016/n°341.

FREY Olivier, *Études coopératives agricoles européennes. Cartographie et défis des grandes coopératives agricoles européennes*, édition 2022.

HCCA, *Le Guide des bonnes pratiques – Gouvernance des entreprises coopératives agricoles*, février 2021.

HOLLANDTS Xavier et VALIORGUE Bertrand, *Référentiel pour une gouvernance stratégique des coo-*

pératives agricoles, Fondation université d'Auvergne / Chaire Alter-gouvernance, 2016.

HOLLANDTS Xavier, *Gouverner les coopératives agricoles – Stratégies et outils*, édition Quae, 2021.

LEWI Georges et PERRI Pascal, *Les défis du capitalisme coopératif – Ce que les paysans nous apprennent de l'économie*, Pearson, 2009.

NOSSEREAU Marine et FILLETON Cécile, « La spécificité des coopératives agricoles au regard du droit fiscal », *Revue de droit rural*, août – septembre 2017.

NOSSEREAU Marine, « La rémunération en coopérative agricole », *Revue de droit rural*, novembre 2022.

La Coopération Agricole

Fédération nationale d'entreprises, La Coopération Agricole est la représentation unifiée des coopératives agricoles, forestières, agroalimentaires françaises.

Porte-voix politique et force collective de propositions auprès des pouvoirs publics français et européens, des médias et de la société civile, La Coopération Agricole a pour mission de promouvoir le modèle coopératif en valorisant son action économique, des agriculteurs jusqu'aux consommateurs.

Avec ses services d'expertises pluridisciplinaires et son réseau régional, La Coopération Agricole accompagne et soutient le développement des entreprises coopératives dans les territoires.

En quelques chiffres-clés :

– 2 200 coopératives et 11 510 CUMA (Coopérative d'utilisation de matériel agricole)

– 93 % de TPE-PME partout en France

– 74 % des sièges sociaux dans les territoires ruraux

– 3 agriculteurs sur 4 adhèrent au moins à une coopérative

– 190 000 salariés (filiales incluses)

– 70 % de la production agricole et 40 % de l'agroalimentaire français

– 1 marque alimentaire sur 3

Éditeur : Marie-Laurence Dubray

Crédit photo de couverture : © 123RF

Imprimé en France par CPI Firmin Didot en octobre 2022. 172651
ISBN 979-10-318-0533-7 / Dépôt légal : octobre 2022
ISSN 1625 9157